BESTACTIVITYBOOKS.COM

Copyright © 2022 LINGUAS CLASSICS

PRIMA EDIZIONE 2022

Illustrazione Grafica Extra: www.freepik.com
Grazie a Alekksall, Starline, Pch.vector, Rawpixel.com, Vectorpocket, Dgim-studio, Upklyak, Macrovector, Stockgiu, Pikisuperstar & Freepik.com Designers

Scoprire i Giochi Gratuiti Online

Disponibile Qui:

BestActivityBooks.com/FREEGAMES

5 CONSIGLI PER INIZIARE

1) COME RISOLVERE LE PAROLE INTRECCIATTE

I puzzle hanno un formato classico:

- Le parole sono nascoste senza spazi o trattini,...
- Orientamento: Le parole possono essere scritte in avanti, indietro, verso l'alto, verso il basso o in diagonale (possono essere invertite).
- Le parole possono sovrapporsi o intersecarsi.

2) APPRENDIMENTO ATTIVO

Accanto ad ogni parola c'è uno spazio per scrivere la traduzione. Per incoraggiare l'apprendimento attivo, un **DIZIONARIO** alla fine di questa edizione vi permetterà di controllare e ampliare le vostre conoscenze. Cerca e scrivi le traduzioni, trovale nel puzzle e aggiungile al tuo vocabolario!

3) SEGNARE LE PAROLE

Puoi inventare il tuo sistema di segni. Forse ne usi già uno? Per esempio, puoi segnare le parole difficili da trovare con una croce, le parole preferite con una stella, le parole nuove con un triangolo, le parole rare con un diamante, e così via.

4) STRUTTURARE L'APPRENDIMENTO

Questa edizione offre un **TACCUINO** alla fine del libro. In vacanza, in viaggio o a casa, puoi organizzare facilmente le tue nuove conoscenze senza bisogno di un secondo quaderno!

5) AVETE FINITO TUTTE LE GRIGLIE?

Nelle ultime pagine di questo libro, nella sezione della **SFIDA FINALE**, troverete un gioco gratuito!

Facile e veloce! Dai un'occhiata alla nostra collezione di libri di attività per il tuo prossimo momento di divertimento e **apprendimento,** a portata di clic!

Trova la tua prossima sfida su:

BestActivityBooks.com/MioProssimoLibro

Ai vostri posti, pronti...Via!

Sapevi che ci sono circa 7.000 lingue diverse nel mondo? Le parole sono preziose.

Amiamo le lingue e abbiamo lavorato duramente per creare libri di altissima qualità. I nostri ingredienti?

Una selezione di argomenti adatti all'apprendimento, tre buone porzioni di intrattenimento, una cucchiaiata di parole difficili e una spolverata di parole rare. Li serviamo con amore e entusiasmo in modo che tu possa risolvere i migliori giochi di parole e divertirti imparando!

La vostra opinione è essenziale. Puoi partecipare attivamente al successo di questo libro lasciandoci un commento. Ci piacerebbe sapere cosa ti è piaciuto di più di questa edizione.

Ecco un link veloce alla pagina dell'ordine:

BestBooksActivity.com/Recensione50

Grazie per il vostro aiuto e buon divertimento!

Tutta la squadra

1 - Scacchi

```
K  K  N  O  B  E  D  X  A  Č  N  A  L  G
H  R  Á  Č  T  O  K  C  N  E  B  F  C  N
R  Á  Á  J  U  B  D  A  Y  R  E  B  R  P
A  L  H  L  R  Ě  K  Y  N  N  P  M  C  G
X  O  G  E  N  Ť  H  Č  F  Á  V  B  D  U
K  V  H  Z  A  L  Y  Š  A  M  P  I  Ó  N
F  N  J  O  J  B  Í  L  Ý  S  U  G  D  P
T  A  P  A  S  I  V  N  Í  O  Y  X  W  R
C  H  Y  T  R  Ý  U  S  O  U  P  E  Ř  A
S  T  R  A  T  E  G  I  E  T  F  X  K  V
V  Ý  Z  V  Y  F  B  T  D  Ě  X  A  T  I
Z  V  X  A  O  D  T  M  L  Ž  C  F  X  D
Z  U  E  A  L  R  J  U  N  F  E  F  W  L
E  C  J  I  Ú  H  L  O  P  Ř  Í  Č  K  A
```

SOUPEŘ	BODY
BÍLÝ	KRÁL
ŠAMPIÓN	KRÁLOVNA
SOUTĚŽ	PRAVIDLA
ÚHLOPŘÍČKA	OBĚŤ
HRÁČ	VÝZVY
HRA	STRATEGIE
CHYTRÝ	ČAS
ČERNÁ	TURNAJ
PASIVNÍ	

2 - Aggettivi #2

```
E  W  Y  A  A  S  H  S  S  U  C  H  Ý  S
L  M  C  W  U  T  U  L  L  F  L  R  M  L
E  Č  I  S  T  Ý  D  X  A  A  O  D  Y  A
G  Z  N  X  E  P  R  P  W  D  D  Ý  N  V
A  D  A  N  N  Ř  A  V  J  T  O  K  S  N
N  R  D  B  T  Í  M  N  O  V  Ý  V  Ý  Ý
T  A  L  D  I  R  A  O  X  O  S  K  Ý  V
N  V  A  G  C  O  T  R  N  Ř  I  S  Y  Ý
Í  Ý  O  S  K  D  I  M  K  I  L  G  J  R
S  L  A  N  Ý  N  C  Á  Z  V  N  T  R  O
C  N  P  D  D  Í  K  L  W  Ý  Ý  L  A  B
P  O  P  I  S  N  Ý  N  X  N  U  Y  R  N
V  A  C  X  Z  A  J  Í  M  A  V  Ý  S  Í
O  D  P  O  V  Ě  D  N  Ý  O  G  J  S  R
```

HLADOVÝ
SUCHÝ
AUTENTICKÝ
TVOŘIVÝ
POPISNÝ
SLADKÝ
DRAMATICKÝ
ELEGANTNÍ
SLAVNÝ
SILNÝ

ZAJÍMAVÝ
PŘÍRODNÍ
NORMÁLNÍ
NOVÝ
HRDÝ
VÝROBNÍ
ČISTÝ
ODPOVĚDNÝ
SLANÝ
ZDRAVÝ

3 - Pesca

```
I  F  H  M  O  T  N  O  S  T  P  T  Ž  J
D  J  F  E  C  B  N  P  E  E  L  R  Á  P
X  E  U  B  E  G  Á  B  Z  G  Á  P  B  Ř
E  Z  N  A  Á  H  V  H  Ó  H  Ž  Ě  R  E
A  E  A  X  N  R  N  T  N  N  Y  L  Y  H
O  R  G  Ř  G  K  A  L  A  K  X  I  Ř  Á
V  O  D  A  Í  N  D  M  T  F  N  V  E  N
V  A  Ř  I  T  Z  A  W  V  Č  A  O  K  Ě
K  O  Š  Í  K  H  E  E  W  E  K  S  A  N
U  N  M  R  T  Z  X  N  S  L  C  T  I  Í
W  R  D  R  Á  T  B  C  Í  I  H  P  R  O
P  L  O  U  T  V  E  G  M  S  C  F  E  B
T  L  O  B  H  Á  K  H  L  T  B  N  Z  R
K  Y  E  Ď  K  S  U  O  Y  B  R  M  M  Z
```

VODA	HÁK
ZAŘÍZENÍ	JEZERO
LOĎ	ČELIST
ŽÁBRY	OCEÁN
KOŠÍK	TRPĚLIVOST
VAŘIT	HMOTNOST
PŘEHÁNĚNÍ	PLOUTVE
NÁVNADA	PLÁŽ
DRÁT	SEZÓNA
ŘEKA	

4 - Aggettivi #1

```
D  Ů  L  E  Ž  I  T  Ý  P  O  M  A  L  Ý
A  K  T  I  V  N  Í  C  E  T  R  D  J  T
M  A  O  U  R  U  Z  E  J  W  K  D  I  Ě
A  M  T  E  M  J  G  N  Š  X  R  C  U  Ž
R  B  O  F  X  L  K  N  W  T  H  M  H  K
O  I  Ž  B  W  O  A  Ý  F  S  Ě  O  P  Ý
M  C  N  K  U  G  T  D  F  E  F  D  E  D
A  I  Ý  F  D  E  O  I  Ý  O  O  E  R  L
T  Ó  Z  U  M  Ě  L  E  C  K  Ý  R  F  Ý
I  Z  V  O  T  B  V  E  L  K  Ý  N  E  T
C  N  H  X  U  P  Ř  Í  M  N  Ý  Í  K  E
K  Í  F  D  L  O  U  H  Ý  Z  R  P  T  N
Ý  A  B  S  O  L  U  T  N  Í  O  K  N  K
O  B  R  O  V  S  K  Ý  S  K  V  H  Í  Ý
```

AMBICIÓZNÍ
AROMATICKÝ
UMĚLECKÝ
ABSOLUTNÍ
AKTIVNÍ
OBROVSKÝ
EXOTICKÝ
ŠTĚDRÝ
MLADÝ
VELKÝ

TOTOŽNÝ
DŮLEŽITÝ
POMALÝ
DLOUHÝ
MODERNÍ
UPŘÍMNÝ
PERFEKTNÍ
TĚŽKÝ
CENNÝ
TENKÝ

5 - Geologia

```
Z  P  K  B  V  S  R  I  X  J  K  V  P  J
F  E  R  O  Z  E  T  Z  F  Y  O  R  L  E
G  O  M  S  O  P  K  A  J  C  R  S  O  S
E  Z  S  Ě  Y  O  F  Y  L  Z  Á  T  Š  K
J  O  Z  I  T  W  O  K  V  A  L  V  I  Y
Z  E  B  A  L  Ř  S  R  P  Y  K  A  N  N
Í  Y  M  N  U  I  E  Y  U  M  L  T  A  Ě
R  K  Á  M  E  N  E  S  Ů  L  U  O  I  F
K  Ř  E  M  E  N  R  T  E  W  E  H  M  T
M  V  Á  P  N  Í  K  A  Y  N  E  K  X  I
R  S  L  F  O  Z  S  L  X  J  Í  I  L  L
I  O  P  R  U  X  K  Y  S  E  L  I  N  A
M  I  N  E  R  Á  L  Y  P  J  T  E  J  X
L  Á  V  A  S  T  A  L  A  G  M  I  T  Y
```

KYSELINA   MINERÁLY
PLOŠINA   KÁMEN
VÁPNÍK   KŘEMEN
JESKYNĚ   SŮL
KORÁL   STALAGMITY
KRYSTALY   STALAKTIT
EROZE   VRSTVA
FOSILIE   ZEMĚTŘESENÍ
GEJZÍR   SOPKA
LÁVA

6 - Campeggio

```
K  F  E  B  K  S  D  K  Á  N  O  E  J  H
L  O  P  X  U  A  O  S  W  B  Z  O  I  O
O  T  M  Z  P  V  B  I  L  O  V  H  U  U
B  O  A  P  U  L  R  I  F  N  Í  E  P  P
O  H  K  Z  A  S  O  L  N  C  Ř  Ň  Ř  A
U  H  O  R  A  S  D  O  L  A  A  L  Í  C
K  M  J  E  Z  E  R  O  A  C  T  E  R  Í
X  H  Ě  R  P  X  U  E  N  Z  A  S  O  S
N  J  B  S  D  K  Ž  R  O  L  W  T  D  Í
P  L  C  P  Í  U  S  Z  Á  B  A  V  A  T
E  K  N  P  H  C  T  S  T  R  O  M  Y  E
M  A  P  A  M  U  T  U  Y  S  M  X  H
T  V  S  P  Y  A  Í  A  E  F  T  W  E  I
U  G  W  V  Z  K  Y  N  V  A  A  A  U  D
```

STROMY	ZÁBAVA
HOUPACÍ SÍT	LES
ZVÍŘATA	OHEŇ
DOBRODRUŽSTVÍ	HMYZ
KOMPAS	JEZERO
KABINA	MĚSÍC
LOV	MAPA
KÁNOE	HORA
KLOBOUK	PŘÍRODA
LANO	STAN

7 - Arti Visive

```
P Z N W K G V M A K I K G H
E P E R O F F A R S Ř I A C
R S O C H A I L C A Y Í R M
S T O J A N L O H K F V D T
P C F X Y E M V I T S E F A
E S L I N S Z Á T U P L O T
K K V Y J X T N E Ž O E T V
T L O O O B K Í K K R D O O
I U H U S C S S T A T Í G Ř
V L N M N K J H U L R L R I
A Y J Ě K I M W R Z É O A V
Š A B L O N A L A K T J F O
Y D Ř E V Ě N É U H L Í I S
N L C C S L O Ž E N Í L E T
```

ARCHITEKTURA	FOTOGRAFIE
JÍL	KŘÍDA
UMĚLEC	TUŽKA
VELEDÍLO	PERO
DŘEVĚNÉ UHLÍ	MALOVÁNÍ
STOJAN	PERSPEKTIVA
VOSK	PORTRÉT
SLOŽENÍ	SOCHA
TVOŘIVOST	ŠABLONA
FILM	LAK

8 - Esplorazione

```
U  H  Z  W  B  O  V  O  D  V  A  H  A  N
R  L  K  V  M  W  L  F  O  Y  N  D  B  E
Č  E  U  J  Í  Y  N  H  B  Č  E  I  G  B
E  D  L  A  P  Ř  L  H  J  E  Z  V  Y  E
N  Á  T  Z  K  T  A  I  E  R  N  O  Z  Z
Í  N  U  Y  V  T  K  T  V  P  Á  K  I  P
G  Í  R  K  P  Z  I  B  A  Á  M  Ý  P  E
H  O  Y  L  K  T  R  V  C  N  Ý  M  R  Č
J  W  T  B  Y  T  L  U  I  Í  A  P  O  N
C  E  S  T  O  V  A  T  Š  T  P  A  S  Ý
N  E  B  E  Z  P  E  Č  Í  E  A  K  T  H
P  X  Z  R  N  N  O  V  Ý  R  N  R  O  A
B  U  V  J  D  A  C  Y  B  É  W  Í  R  J
C  A  T  G  F  V  G  K  L  N  Y  I  R  U
```

ZVÍŘATA	NEBEZPEČÍ
AKTIVITA	NEBEZPEČNÝ
ODVAHA	HLEDÁNÍ
KULTURY	NEZNÁMÝ
URČENÍ	OBJEV
VZRUŠENÍ	DIVOKÝ
VYČERPÁNÍ	PROSTOR
JAZYK	TERÉN
NOVÝ	CESTOVAT

9 - Tempo

```
K  T  Ý  D  E  N  B  H  J  T  V  T  R  W
F  A  P  C  M  K  L  O  X  S  K  X  O  G
P  O  L  E  D  N  E  D  P  G  K  Z  Č  Z
R  D  D  E  S  E  T  I  L  E  T  Í  N  M
H  E  K  L  N  M  I  N  U  T  A  O  Í  W
H  N  J  J  H  D  Z  A  R  P  D  S  O  S
F  N  P  P  O  R  Á  N  O  J  F  D  B  J
A  F  L  Ř  W  F  H  Ř  K  F  F  F  R  R
G  C  V  Č  E  R  A  A  L  C  P  F  Z  R
M  G  E  H  O  D  I  N  Y  V  O  S  Y  C
G  W  Z  N  N  Y  N  S  T  O  L  E  T  Í
O  P  O  F  E  S  O  E  R  L  H  X  V  U
U  N  M  Ě  S  Í  C  O  S  B  U  R  R  G
B  U  D  O  U  C  N  O  S  T  A  R  N  H
```

ROK	POLEDNE
ROČNÍ	MINUTA
KALENDÁŘ	NOC
DESETILETÍ	DNES
PO	HODINA
BUDOUCNOST	HODINY
DEN	BRZY
VČERA	PŘED
RÁNO	STOLETÍ
MĚSÍC	TÝDEN

10 - Astronomia

```
M L R A K E T A Z N E B E K
O L O M K Y F N Á V L D M O
D B H L R K B O Ř I L V Ě S
A A S O F C H E E M H G S M
L S O E V P L A N E T A Í O
E T U V R I L H Í T X L C S
K R H J Y V N I T E E A U F
O O V C E S A A Z O T X Y H
H N Ě Z L A S T E R O I D G
L O Z O C E Y B O S Z E M Ě
E M D V E S M Í R Ř J F M K
D R Í M H G R A V I T A C E
A S T R O N A U T T Y F X C
R O V N O D E N N O S T Y O
```

ASTEROID
ASTRONAUT
ASTRONOM
NEBE
KOSMOS
SOUHVĚZDÍ
ROVNODENNOST
GALAXIE
GRAVITACE
MĚSÍC

METEOR
MLHOVINA
OBSERVATOŘ
PLANETA
ZÁŘENÍ
RAKETA
DALEKOHLED
ZEMĚ
VESMÍR

11 - Circo

```
B  B  O  N  B  Ó  N  I  P  Z  C  Y  Ž  M
R  A  I  P  S  S  D  I  V  Á  K  K  O  P
K  W  L  V  I  W  T  A  W  H  Z  O  N  S
L  E  V  Ó  W  C  J  A  Z  U  A  S  G  X
A  A  R  V  N  T  E  K  N  D  R  T  L  N
U  M  H  X  F  Y  X  B  R  B  J  Ý  É  Y
N  J  Z  M  A  K  R  O  B  A  T  M  R  F
M  A  G  I  E  W  Y  E  W  H  R  K  V  J
X  P  P  R  Ů  V  O  D  M  J  I  S  V  M
P  N  S  E  W  U  V  B  A  M  K  A  R  Y
F  G  I  I  S  I  O  K  Á  Z  A  L  Ý  X
T  Y  G  R  S  V  E  S  A  M  Y  O  O  Z
L  Í  S  T  E  K  O  U  Z  E  L  N  Í  K
Z  V  Í  Ř  A  T  A  T  S  L  O  N  L  R
```

AKROBAT	KOUZELNÍK
ZVÍŘATA	HUDBA
LÍSTEK	BALÓNY
BONBÓN	PRŮVOD
KLAUN	OPICE
KOSTÝM	OKÁZALÝ
SLON	DIVÁK
ŽONGLÉR	STAN
LEV	TYGR
MAGIE	TRIK

12 - Mitologia

```
V  B  O  J  O  V  N  Í  K  J  W  N  G  J
L  E  G  E  N  D  A  K  V  T  D  V  F  K
G  M  A  G  I  C  K  Ý  H  K  N  X  I  A
A  Z  T  A  U  Ž  Á  R  L  I  V  O  S  T
P  Ř  Í  Š  E  R  A  E  A  Y  Y  V  B  A
A  R  C  H  E  T  Y  P  V  W  F  Y  O  S
N  E  S  M  R  T  E  L  N  O  S  T  Ž  T
S  X  H  P  C  F  H  H  K  H  Z  V  S  R
P  Í  B  R  H  R  E  Y  R  G  B  O  T  O
O  R  L  P  O  N  I  G  O  D  S  Ř  V  F
M  B  E  A  V  M  A  Z  U  K  I  E  A  A
S  N  S  I  Á  S  T  V  O  Ř  E  N  Í  K
T  U  K  O  N  P  E  G  V  V  J  Í  A  F
A  W  V  Ý  Í  N  S  M  R  T  E  L  N  Ý
```

ARCHETYP	ŽÁRLIVOST
CHOVÁNÍ	BOJOVNÍK
STVOŘENÍ	NESMRTELNOST
VYTVOŘENÍ	LEGENDA
KATASTROFA	MAGICKÝ
BOŽSTVA	SMRTELNÝ
HRDINA	PŘÍŠERA
SÍLA	HROM
BLESK	POMSTA

13 - Piante

```
A  K  K  A  K  T  U  S  T  R  O  M  J  L
R  E  O  V  A  A  K  F  K  B  S  C  H  W
Ů  Ř  B  Ř  Ě  V  B  O  T  A  N  I  K  A
S  F  O  P  E  T  B  X  W  M  F  K  F  Z
T  L  B  Z  U  N  I  T  L  B  J  N  M  B
H  E  U  Y  Z  S  N  N  Z  U  H  I  A  Ř
K  S  L  N  Y  A  G  L  A  S  L  E  K  E
J  W  E  U  C  X  I  D  H  C  K  J  L  Č
F  L  Ó  R  A  E  F  T  R  Á  V  A  I  Ť
H  N  O  J  I  V  O  M  A  P  I  D  S  A
F  A  Z  O  L  E  X  E  D  C  E  L  T  N
U  U  X  W  L  U  M  C  A  I  Y  G  R  G
E  N  E  L  Z  M  L  H  A  S  I  X  K  B
V  E  G  E  T  A  C  E  H  S  O  A  P  I
```

STROM	HNOJIVO
BOBULE	KVĚTINA
BAMBUS	FLÓRA
BOTANIKA	LIST
KAKTUS	LES
KEŘ	ZAHRADA
RŮST	MECH
BŘEČŤAN	KOŘEN
TRÁVA	SLUNCE
FAZOLE	VEGETACE

14 - Spezie

```
C H N P J J C Y K M Í N A K
I O X T H N R E M A A X N B
B R K O R I A N D R R M Ý S
U K K U R J D E R T U I Z V
L Ý X J R K A R D A M O N L
E S Ů L U K N X V F Y A F É
S P Ř Í C H U Ť Č E S N E K
K A P E P Ř V M W N L P C O
O P Z Y G R A B A Y A Z H Ř
Ř R Á D F G N O F K D W N I
I I Z L L Y I Y B L K N R C
C K V U G A L P G A Ý S K E
E A O H W K K Š A F R Á N B
W X R S C N A T C D O F O Y
```

ČESNEK	SLADKÝ
HORKÝ	FENYKL
ANÝZ	PŘÍCHUŤ
SKOŘICE	LÉKOŘICE
KARDAMON	PAPRIKA
CIBULE	PEPŘ
KORIANDR	SŮL
KMÍN	VANILKA
KURKUMA	ŠAFRÁN
KARI	ZÁZVOR

15 - Numeri

```
M  D  E  V  Ě  T  M  T  P  F  E  W  X  S
C  P  V  R  B  E  D  V  A  T  O  S  M  E
Č  A  U  A  Y  D  V  A  C  E  T  E  O  D
D  T  L  M  N  K  E  K  C  S  Ř  D  S  M
E  N  R  X  E  Á  L  S  X  I  I  M  M  N
V  Á  N  N  S  S  C  M  E  C  S  C  N  Á
A  C  A  U  Á  Y  I  T  T  T  G  E  Á  C
T  T  X  L  E  C  V  T  W  J  I  X  C  T
E  Ř  W  A  Š  E  T  C  F  H  I  N  T  V
N  I  N  D  E  S  E  T  B  P  K  B  N  O
Á  N  D  G  S  C  S  P  F  V  H  T  E  Ý
C  Á  P  Ě  T  Š  E  S  T  N  Á  C  T  R
T  C  R  N  G  T  O  M  G  M  Z  W  I  V
F  T  C  B  N  M  I  N  M  Č  T  Y  Ř  I
```

PĚT	ČTRNÁCT
DESETINNÝ	ČTYŘI
DEVATENÁCT	PATNÁCT
SEDMNÁCT	ŠESTNÁCT
OSMNÁCT	ŠEST
DESET	SEDM
DVANÁCT	TŘI
DVA	TŘINÁCT
DEVĚT	DVACET
OSM	NULA

16 - Cioccolato

```
E  K  I  O  V  A  H  W  H  N  S  F  Z  K
X  A  A  I  Z  M  R  E  C  E  P  T  S  V
O  R  L  L  S  D  I  A  U  Z  Y  L  P  A
T  A  A  P  O  P  U  I  Š  Z  G  U  R  L
I  M  H  B  B  R  T  I  T  Í  D  R  Á  I
C  E  O  J  L  B  I  W  J  N  D  V  Š  T
K  L  D  C  Í  K  O  E  A  M  A  Y  E  A
Ý  M  N  D  B  A  W  N  V  Ů  N  Ě  K  T
N  T  É  D  E  K  T  W  B  H  O  R  K  Ý
C  H  U  Ť  N  A  C  X  G  Ó  G  K  O  N
C  P  J  Y  Ý  O  C  U  K  R  N  J  K  U
A  N  T  I  O  X  I  D  A  N  T  C  O  A
W  G  B  Ř  E  M  E  S  L  N  É  S  S  F
S  L  A  D  K  Ý  P  Ř  Í  S  A  D  A  D
```

HORKÝ	SLADKÝ
ANTIOXIDANT	EXOTICKÝ
ARAŠÍDY	CHUŤ
VŮNĚ	PŘÍSADA
ŘEMESLNÉ	KOKOS
KAKAO	PRÁŠEK
KALORIE	OBLÍBENÝ
BONBÓN	KVALITA
KARAMEL	RECEPT
LAHODNÉ	CUKR

17 - Guida

```
N N U M R M L P J G P C R B
V E K W N O T O S A R V Y E
H W B U U T T L W R O T C Z
Y C R E C O S I T Á V B H P
M K Z L Z R R C U Ž O A L E
I R D J T P A I N F Z A O Č
V Y Y R R K E E E E E N S N
P A L I V O A Č L X H D T O
M O T O C Y K L Í D P O N S
P K L L I C E N C E L P D T
Z Ě M A P A U T O O Y R H A
G J Š E D W G Y L H N A B W
M Z B Í S I L N I C E V T H
A U T O B U S T U B L A C Z
```

AUTO
AUTOBUS
PALIVO
BRZDY
GARÁŽ
PLYN
NEHODA
LICENCE
MAPA
MOTOCYKL

MOTOR
PĚŠÍ
NEBEZPEČÍ
POLICIE
BEZPEČNOST
SILNICE
PROVOZ
DOPRAVA
TUNEL
RYCHLOST

18 - Sport

```
B A S E B A L L P H G V K P
B A S K E T B A L E N O J I
V J M T H F T A A Z W U L O
S Í I E D O E Z V R T L T F
P Z S N W W K F A V H I P Í
O D T I N W D E T R E N É R
R N R S T U Z J G O G K H
T Í O N U Ý T G R F N D B R
O K V G Y M N A S T I K A Á
V O S R O Z H O D Č Í N P Č
E L T Ě L O C V I Č N A B K
C O V Í T Ě Z D I S Y A Y P
F H Í S T A D I Ó N T C U E
V B E W I A H R A F V P H A
```

TRENÉR
ROZHODČÍ
SPORTOVEC
BASEBALL
BASKETBAL
JÍZDNÍ KOLO
MISTROVSTVÍ
GYMNASTIKA
HRÁČ
HRA

GOLF
HOKEJ
HNUTÍ
PLAVAT
TĚLOCVIČNA
TÝM
STADIÓN
TENIS
VÍTĚZ

19 - Giocattoli

```
L E T A D L O B A V U K R P
R O B O T H B C U B R E I Ř
S C Ď O I W L M T H L L W E
J Š O I G O Í Í O C Ř H H D
Í C A N R J B Č E R E Y G S
L A I C M H E M D T M Z E T
N P J B H R N Z M F E O H A
L A K B V Y Ý L P R S C D V
A N J Í Z D N Í K O L O B I
K E V L A K A M W R A X I V
K N Á K L A Ď Á K X S T C O
G K I N M U F B X S C F Í S
X A N H Á D A N K A B K U T
O I J N Y N D Z D R A K D L
```

LETADLO	HRY
DRAK	PŘEDSTAVIVOST
JÍL	KNIHY
ŘEMESLA	MÍČ
AUTO	OBLÍBENÝ
PANENKA	HÁDANKA
LOĎ	ROBOT
BICÍ	ŠACHY
JÍZDNÍ KOLO	VLAK
NÁKLAĎÁK	

20 - Strumenti di Cottura

```
S  T  R  U  H  A  D  L  O  Š  B  L  C  K
Y  R  E  P  C  K  F  Ž  N  P  U  E  R  O
H  O  X  P  Ř  T  V  Í  Z  A  C  D  C  N
S  U  R  L  L  Í  E  C  S  C  I  N  E  V
R  B  V  Í  K  O  B  E  S  H  M  I  D  I
V  A  O  Z  V  W  M  O  D  T  I  Č  N  C
F  Z  I  F  D  K  V  Ě  R  L  X  K  Í  E
B  H  D  I  V  J  X  N  R  E  É  A  K  A
C  D  Z  L  N  Ů  Ž  K  Y  K  R  E  S  X
D  S  T  T  Ů  M  D  O  E  T  A  N  E  N
Z  N  K  R  Ž  L  W  J  N  T  L  M  F  U
O  D  Š  Ť  A  V  Ň  O  V  A  Č  H  N  O
V  I  D  L  I  Č  K  A  R  L  U  N  X  A
T  O  U  S  T  O  V  A  Č  S  B  S  D  K
```

KONVICE	LEDNIČKA
CEDNÍK	MIXÉR
NŮŽ	STRUHADLO
VÍKO	PŘÍBOR
LŽÍCE	ŠPACHTLE
FILTR	ODŠŤAVŇOVAČ
NŮŽKY	KAMNA
VIDLIČKA	TEPLOMĚR
TROUBA	TOUSTOVAČ

21 - Uccelli

A	R	O	L	P	H	H	H	Z	X	L	P	Z	U
D	E	T	M	Á	O	O	E	U	F	U	Š	S	N
Z	S	T	R	V	L	L	O	B	S	P	T	G	J
A	M	U	V	E	U	U	F	R	R	A	R	T	V
C	E	K	R	J	B	B	B	A	E	R	O	M	O
X	F	A	A	C	I	M	Z	C	S	L	S	P	A
V	K	N	B	E	C	S	A	E	U	A	Č	Á	P
H	O	O	E	Y	E	S	P	K	F	B	X	K	K
R	T	L	C	T	U	Č	Ň	Á	K	U	S	U	U
H	Z	K	A	C	H	N	A	H	B	Ť	P	Ř	K
H	Y	Z	F	V	P	E	L	I	K	Á	N	E	A
H	U	B	S	L	K	S	S	D	X	O	M	J	Č
O	W	L	E	K	P	A	P	O	U	Š	E	K	K
P	L	A	M	E	Ň	Á	K	C	Z	E	O	H	A

VOLAVKA	PAPOUŠEK
KACHNA	VRABEC
OREL	PÁV
ČÁP	PELIKÁN
LABUŤ	HOLUB
HOLUBICE	TUČŇÁK
KUKAČKA	KUŘE
PLAMEŇÁK	PŠTROS
RACEK	TUKAN
HUSA	VEJCE

22 - Giorni e Mesi

```
G  Ř  K  A  L  E  N  D  Á  Ř  H  R  L  C
P  Í  Z  Y  J  V  E  S  T  W  Ú  K  E  M
O  J  B  N  D  P  N  Y  A  W  T  L  D  Ě
N  E  D  Ě  L  E  R  T  Ý  D  E  N  E  S
D  N  H  T  R  B  L  O  O  B  R  J  N  Í
Ě  U  Z  I  I  A  M  X  S  P  Ý  O  I  C
L  U  B  Č  X  S  O  D  L  I  Ú  H  K  E
Í  D  Z  E  J  R  F  E  I  E  N  Č  P  B
A  S  N  R  N  P  N  I  S  E  O  E  Y  A
X  O  E  V  M  E  E  O  T  C  R  R  C  P
X  B  Z  E  X  N  U  Z  O  K  B  V  Y  B
H  O  Á  N  E  J  R  O  P  Á  T  E  K  Z
S  T  Ř  E  D  A  J  Y  A  I  N  N  L  K
I  A  Í  C  U  B  T  Z  D  D  T  G  D  T
```

SRPEN	PONDĚLÍ
ROK	ÚTERÝ
DUBEN	STŘEDA
KALENDÁŘ	MĚSÍC
PROSINEC	LISTOPAD
NEDĚLE	ŘÍJEN
ÚNOR	SOBOTA
LEDEN	ZÁŘÍ
ČERVEN	TÝDEN
ČERVENEC	PÁTEK

23 - Casa

```
K  F  B  C  E  W  A  K  E  M  S  U  K  G
U  K  L  A  M  P  A  X  O  F  T  G  O  A
C  P  O  D  K  R  O  V  Í  B  Ř  S  Š  R
H  M  A  H  F  R  R  L  W  T  E  P  T  Á
Y  L  T  F  O  O  H  X  S  D  C  R  Ě  Ž
N  K  I  T  J  U  W  Y  A  H  H  C  E  X
Ě  K  X  D  P  S  T  R  O  P  A  H  W  C
P  O  D  L  A  H  A  E  K  R  B  A  T  O
K  N  I  H  O  V  N  A  K  C  K  N  Y  K
K  Z  R  C  A  D  L  O  F  W  D  Z  C  J
D  V  Y  A  V  L  E  K  B  G  T  F  H
W  E  L  N  C  E  S  T  Ě  N  A  E  U  C
P  L  O  T  W  Ř  Y  U  B  P  O  K  O  J
C  G  H  W  M  E  Z  A  H  R  A  D  A  T
```

PODKROVÍ	STĚNA
KNIHOVNA	PODLAHA
POKOJ	DVEŘE
KRB	PLOT
KUCHYNĚ	KOHOUTEK
SPRCHA	KOŠTĚ
OKNO	STROP
GARÁŽ	ZRCADLO
ZAHRADA	KOBEREC
LAMPA	STŘECHA

24 - Ristorante #1

```
M  J  X  U  S  U  H  O  F  T  X  K  S  A
O  E  B  G  O  B  F  W  T  W  A  U  C  B
W  N  N  Ů  Ž  R  Č  Í  Š  N  I  C  E  H
Y  Z  V  U  L  O  S  X  L  Z  I  H  W  C
S  I  F  W  B  U  L  D  J  F  T  Y  B  H
K  Y  K  C  S  S  O  M  Í  S  A  N  C  F
T  A  V  W  N  E  J  K  S  B  L  Ě  H  D
M  Y  S  C  C  K  B  S  T  J  Í  D  L  O
G  A  L  E  R  G  I  E  K  U  Ř  E  É  M
U  R  S  P  I  K  A  N  T  N  Í  Z  B  Á
G  E  P  O  K  L  A  D  N  Í  A  E  N  Č
A  F  T  U  W  Á  C  T  T  X  A  R  Y  K
Y  R  E  Z  E  R  V  A  C  E  Y  T  I  A
U  Y  T  O  J  O  F  A  X  M  O  T  A  Y
```

ALERGIE	JÍST
KÁVA	MENU
ČÍŠNICE	CHLÉB
MASO	TALÍŘ
POKLADNÍ	PIKANTNÍ
JÍDLO	KUŘE
MÍSA	REZERVACE
NŮŽ	OMÁČKA
KUCHYNĚ	UBROUSEK
DEZERT	

25 - Fantascienza

```
W G K M K G A L A X I E S I
F U T U R I S T I C K Ý V M
A B E I O L N Y X Y F E Ě A
T L S I B U Y O K Z R S T G
O S V I O Z X S H H Y U T I
M V Ě Š T E C I W E K E A N
O X C P Y H O Z Z L Ň E J Á
V F A N T A S T I C K Ý E R
Ý P L A N E T A V H X G M N
Y K N I H Y Y M I Ý E G N Í
U T O P I E X R D Z B L Ý J
R E A L I S T I C K Ý U D T
U W B N D Y S T O P I E C S
E X T R É M N Í W L H M W H
```

ATOMOVÝ	IMAGINÁRNÍ
KINO	KNIHY
DYSTOPIE	TAJEMNÝ
VÝBUCH	SVĚT
EXTRÉMNÍ	VĚŠTEC
FANTASTICKÝ	PLANETA
OHEŇ	REALISTICKÝ
FUTURISTICKÝ	ROBOTY
GALAXIE	UTOPIE
ILUZE	

26 - Città

```
G A L E R I E P G G S K L L
R I B H M U Z E U M D L P É
S T A D I Ó N K B F P I C K
B A N K A H E Á I G Š N S Á
O V N J I O T R H N K I U R
K B K M C T H N W O O K P N
I N C H G E L A H N L A E A
O K I H N L X U I D A V R G
D I K H O D I V A D L O M C
L L Y D O D I N W X J U A Y
P J U N I V E R Z I T A R L
T A X U M H N E Y E V P K K
L E T I Š T Ě A A B H P E P
T L T K V Ě T I N Á Ř L T J
```

LETIŠTĚ	TRH
BANKA	MUZEUM
KNIHOVNA	OBCHOD
KINO	PEKÁRNA
KLINIKA	ŠKOLA
LÉKÁRNA	STADIÓN
KVĚTINÁŘ	SUPERMARKET
GALERIE	DIVADLO
HOTEL	UNIVERZITA

27 - Virtù #1

```
H  V  N  Z  B  Š  M  U  Č  G  S  M  J  P
B  Á  E  A  V  T  O  T  I  V  P  R  E  A
X  Š  Z  I  G  Ě  U  B  S  J  O  O  L  C
H  N  Á  A  A  D  D  L  T  E  L  Z  E  I
D  I  V  P  N  R  R  A  Ý  A  E  H  G  E
O  V  I  G  R  Ý  Ý  C  V  N  H  O  R  N
B  Ý  S  V  Y  A  C  P  S  Ý  L  D  A  T
R  E  L  K  P  N  K  S  X  A  I  U  Č  O
É  H  Ý  G  R  I  Y  T  I  J  V  J  N  C
M  T  B  V  N  O  V  A  I  R  Ý  Í  Í  H
F  R  K  F  P  B  M  X  O  C  F  C  B  O
K  L  U  D  Ú  Č  I  N  N  Ý  K  Í  W  T
B  U  M  Ě  L  E  C  K  Ý  D  R  Ý  H  N
O  K  O  U  Z  L  U  J  Í  C  Í  U  A  Ý
```

OKOUZLUJÍCÍ   ŠTĚDRÝ
SPOLEHLIVÝ   NEZÁVISLÝ
VÁŠNIVÝ   SKROMNÝ
UMĚLECKÝ   PACIENT
DOBRÉ   PRAKTICKÝ
ZVĚDAVÝ   ČISTÝ
ROZHODUJÍCÍ   MOUDRÝ
LEGRAČNÍ   OCHOTNÝ
ÚČINNÝ

28 - Compleanno

```
H L L A C M O U D R O S T Š
B F G X E Z D P J K Y H B Ť
Z V L Á Š T N Í M M T N F A
P R O K S A W S W G L N B S
Ř K A R T Y D E W D V A T T
Á A E D P B L Ň M Y I M D N
T L K X O D N A R O Z E N Ý
E E V A Z S O L Č A S Z S U
L N Z R V D T R O S L A V A
É D Á J Á E X N T L B E Í K
U Á B V N S L Ý K Z M Č M
D Ř A I K V Z P O M Í N K Y
A X V L Y L H B S T R A Y I
R G A P X P A L P K X U J S
```

PŘÁTELÉ
ROK
KALENDÁŘ
SVÍČKY
PÍSEŇ
KARTY
OSLAVA
ZÁBAVA
ŠŤASTNÝ
RADOSTNÝ

DEN
MLADÝ
POZVÁNKY
NAROZENÝ
DAR
VZPOMÍNKY
MOUDROST
ZVLÁŠTNÍ
ČAS
DORT

29 - Fattoria #1

```
U  K  S  N  K  A  G  R  K  Z  R  K  K  S
V  O  N  C  R  S  V  Z  U  E  F  T  Ů  U
O  Č  S  X  P  T  X  D  Ř  M  V  L  Ň  Y
J  K  E  C  Z  Á  X  G  E  Ě  J  M  A  L
I  A  M  L  K  D  V  N  B  D  T  E  L  E
C  S  E  Z  A  O  L  P  I  Ě  H  D  Z  X
V  N  N  P  E  S  O  R  I  L  N  O  P  T
O  P  A  G  R  Z  E  Ý  Y  S  O  S  A  G
V  O  D  A  O  A  Z  Ž  T  T  J  Y  C  C
P  L  O  T  F  S  S  E  K  V  I  H  K  D
D  E  V  U  L  Y  E  E  R  Í  V  S  R  K
K  O  Z  A  U  B  H  L  I  N  O  J  Á  L
L  X  I  M  O  X  U  V  C  Y  A  N  V  D
Y  V  A  T  D  Y  R  V  S  E  N  O  A  C
```

VODA	KOČKA
ZEMĚDĚLSTVÍ	STÁDO
VČELA	PRASE
OSEL	MED
POLE	KRÁVA
PES	KUŘE
KOZA	PLOT
KŮŇ	RÝŽE
HNOJIVO	SEMENA
SENO	TELE

30 - Paesaggi

```
O O M I H S N F L B D L F V
P C L H O S T R O V R F N O
I O E L R J E S K Y N Ě O D
M U L Á A P I Z F H T F K O
J O Y O N K R O D U N Y O P
F Ř Ř W O O Á Z A T G G P Á
U E C E C S G E J Z Í R E D
H K Z F L Y T D Ú I U P C L
P A K U V D U R D P L Á Ž E
B A Ž I N A N X O E P S C D
M U P W Z K D Z L V O O K O
Y B J E Z E R O Í Z U P P V
K L N W J T A Y E E Š K O E
F X I C P W H I I K Ť A F C
```

VODOPÁD	MOŘE
KOPEC	HORA
POUŠŤ	OÁZA
DUNY	OCEÁN
ŘEKA	BAŽINA
GEJZÍR	POLOOSTROV
LEDOVEC	PLÁŽ
JESKYNĚ	TUNDRA
OSTROV	ÚDOLÍ
JEZERO	SOPKA

31 - Ristorante #2

```
R V P F H W H K D V S S Ů L
Y Y O V O C E O L E D A Z R
N A B D R G N Ř K Č Č L A X
M R Ě A J P U E E E Í Á V Y
T Y D K U J P N E Ř Š T B D
L W D H R V F Í X E N Z G L
V E J C E Ž I D L E Í L Z B
V O D A W P O L É V K A Z W
P V U L B G Ř D O R T H U L
I N A B H Y L E D L U O T F
T P M G M F O Ž D T O D H F
V I D L I Č K A Í K L N Y N
N Á P O J J C T S C R É I T
Z E L E N I N A H V E M E C
```

VODA	SALÁT
PŘEDKRM	POLÉVKA
NÁPOJ	RYBA
ČÍŠNÍK	OBĚD
VEČEŘE	SŮL
LŽÍCE	ŽIDLE
LAHODNÉ	KOŘENÍ
VIDLIČKA	DORT
OVOCE	VEJCE
LED	ZELENINA

32 - Giardino

```
R  K  K  E  Ř  F  S  G  P  V  H  J  L  Z
N  Y  V  G  U  S  P  A  L  Í  O  P  O  T
S  V  B  Ě  L  I  L  R  E  N  U  B  P  I
O  H  I  N  T  S  O  Á  V  O  P  T  A  T
P  D  D  J  Í  I  T  Ž  E  J  A  E  T  R
P  X  P  Y  T  K  N  R  L  N  C  R  A  Á
Ů  L  A  V  I  C  E  A  O  N  Í  A  A  V
D  X  D  P  G  U  J  I  H  M  S  S  T  N
A  C  X  L  N  I  B  S  A  B  Í  A  I  Í
N  T  Y  V  O  L  C  I  D  H  T  W  U  K
T  P  Z  T  F  S  A  D  I  K  C  S  V  M
H  R  Á  B  Ě  J  O  E  C  C  B  N  M  N
Z  A  H  R  A  D  A  Z  E  T  R  Á  V  A
T  R  A  M  P  O  L  Í  N  A  E  S  Z  R
```

STROM	LAVICE
HOUPACÍ SÍT	TRÁVNÍK
KEŘ	HRÁBĚ
TRÁVA	PLOT
PLEVEL	RYBNÍK
KVĚTINA	PŮDA
SAD	TERASA
GARÁŽ	TRAMPOLÍNA
ZAHRADA	HADICE
LOPATA	VÍNO

33 - Frutta

```
K  M  I  T  U  Y  F  C  H  B  R  O  N  P
C  R  E  B  O  B  U  L  E  R  T  K  I  B
Š  I  T  Ř  E  Š  E  Ň  M  O  U  O  N  F
V  M  T  A  A  D  P  K  A  S  M  Š  E  V
E  C  K  R  V  J  E  Z  N  K  A  H  K  J
S  X  X  M  O  O  P  K  G  E  L  R  T  A
T  L  O  D  X  N  K  Y  O  V  I  O  A  B
K  I  W  I  P  A  P  Á  J  A  N  Z  R  L
A  A  N  A  N  A  S  D  D  I  A  E  I  K
O  Y  D  H  Z  I  M  E  L  O  U  N  N  O
W  U  L  G  M  R  A  B  A  N  Á  N  K  L
G  K  Y  K  J  D  M  E  R  U  Ň  K  A  E
O  R  A  N  Ž  O  V  Ý  B  R  N  I  F  K
O  S  T  R  U  Ž  I  N  A  Y  J  G  R  P
```

MERUŇKA	MANGO
ANANAS	JABLKO
ORANŽOVÝ	MELOUN
AVOKÁDO	OSTRUŽINA
BOBULE	NEKTARINKA
BANÁN	PAPÁJA
TŘEŠEŇ	HRUŠKA
KIWI	BROSKEV
MALINA	ŠVESTKA
CITRON	HROZEN

34 - Fattoria #2

```
P J O P K A C H N A O P S J
A Í V Š T R A K T O R C N E
S D C E I Z O N E V S A D H
T L E N M Y P D O C T I F N
Ý O V I F I P P G Z O F O Ě
Ř U T C B X K I Y E D V V Č
U F O E E R M Ú S M O P O Í
Z V Í Ř A T A L U Ě L S C D
B J E Č M E N A A D A T E O
K B J M U L S M V Ě H A I Z
L O Y D S V É A A L O U K A
H R C G W P D K H E Z B S N
K U K U Ř I C E O C J Y E Y
Z A V L A Ž O V Á N Í G H U
```

JEHNĚČÍ	ZAVLAŽOVÁNÍ
ZEMĚDĚLEC	LAMA
ÚL	MLÉKO
KACHNA	KUKUŘICE
ZVÍŘATA	HUSY
JÍDLO	JEČMEN
STODOLA	PASTÝŘ
OVOCE	OVCE
SAD	LOUKA
PŠENICE	TRAKTOR

35 - Dinosauri

```
C D V V M E O F P Y O W Z K
B N E E Ý W T X L C E G M Ř
G K L L V V D R A V E C I Í
F H I K L A O J Z F P V Z D
U O K Ý L N B J W X N N E L
X L O O R D R U H G A P N A
I B S X Ř J O O B U F P Í P
Z N T Z G I V F O S Í L I E
O P R E H I S T O R I C K Ý
Z C M M R S K T Y N Z L Ý S
E Y A B T W Ý M A M U T A I
M V Y S V Š E Ž R A V E C L
Ě B Ý L O Ž R A V E C I M N
O M A S O Ž R A V E C R V Ý
```

KŘÍDLA	SILNÝ
MASOŽRAVEC	KOŘIST
OCAS	PREHISTORICKÝ
OBROVSKÝ	DRAVEC
BÝLOŽRAVEC	PLAZ
VÝVOJ	ZMIZENÍ
FOSÍLIE	DRUH
VELKÝ	VELIKOST
MAMUT	ZEMĚ
VŠEŽRAVEC	ZLÝ

36 - Verdure

```
G F H U J F U T Ř Č R B E U
F T Y P C I B U L E X R L D
C B Z O F F B Ř C S D Ý N Ě
H R Á Š E K J Í V N J K O E
H O Z M I N U N J E D O E T
O K V B Š A L O T K A B O V
U O O M R C Š P E N Á T K P
B L R B U A R T Y Č O K U E
A I L N M X M S A L Á T R T
A C E L E R L B M B C T K R
K E W G X W K K O M W D A Ž
X K R W H C O E D R A J Č E
L I L E K C B O V F L W D L
I R E Y U Z C D Z I T N F G
```

ČESNEK	HRÁŠEK
BROKOLICE	RAJČE
ARTYČOK	PETRŽEL
MRKEV	TUŘÍN
OKURKA	ŘEDKEV
CIBULE	ŠALOTKA
HOUBA	CELER
SALÁT	ŠPENÁT
LILEK	ZÁZVOR
BRAMBOR	DÝNĚ

37 - Scuola #2

```
Č  T  E  N  Í  M  A  Y  U  B  F  K  L  V
H  I  P  O  Č  Í  T  A  Č  A  Z  A  I  Z
H  R  Y  T  F  F  M  M  I  T  V  L  T  D
F  T  O  T  U  Ž  K  A  T  O  O  E  E  Ě
N  Ů  Ž  K  Y  M  N  K  E  H  O  N  R  L
Y  C  K  W  V  A  I  A  L  V  Ě  D  A  Á
A  T  K  H  S  T  H  D  Z  N  H  Á  T  V
B  O  T  Y  L  E  O  E  N  T  E  Ř  U  Á
G  H  C  I  O  M  V  M  S  A  X  D  R  N
P  L  X  S  V  A  N  I  H  G  T  Z  A  Í
O  A  C  J  N  T  A  C  K  N  I  H  Y  Y
Z  F  P  V  Í  I  P  K  J  Y  J  B  L  W
Z  E  C  Í  K  K  V  Ý  A  O  E  Y  V  F
O  B  U  C  R  A  A  U  T  O  B  U  S  K
```

AKADEMICKÝ
AUTOBUS
KNIHOVNA
KALENDÁŘ
PAPÍR
POČÍTAČ
SLOVNÍK
VZDĚLÁVÁNÍ
NŮŽKY
HRY

UČITEL
LITERATURA
ČTENÍ
KNIHY
MATEMATIKA
TUŽKA
BOTY
VĚDA
BATOH

38 - Gentilezza

```
B G A Y J D D O F A P U Š S
M Z P O Z O R N Ý O O C T H
P S O U C I T N Ý R C T Ě R
A T H M J W N X H I H I D X
C V O I E E D H L G O V R P
I N S L T P M R F I P Ý Ý Ř
E Í T U E R X N K N E L F Á
N M I J R R I J Ý Á N J O T
T A N Í H G A G U L Í Z C E
L V N C O P U N X N V M H L
A Ý Ý Í X X Y L T Í M F O S
L Á S K Y P L N Ý N V C T K
Š Ť A S T N Ý U P Ř Í M N Ý
S P O L E H L I V Ý S C Ý P
```

LÁSKYPLNÝ	ŠTĚDRÝ
SPOLEHLIVÝ	ORIGINÁLNÍ
PŘÁTELSKÝ	UPŘÍMNÝ
MILUJÍCÍ	POHOSTINNÝ
POZORNÝ	PACIENT
SOUCITNÝ	VNÍMAVÝ
POCHOPENÍ	UCTIVÝ
JEMNÝ	TOLERANTNÍ
ŠŤASTNÝ	OCHOTNÝ

39 - Barbecue

```
S  R  E  J  H  C  P  Y  B  J  F  L  Y  R
Ů  A  H  W  J  R  O  D  I  N  A  J  I  O
L  J  L  N  Z  G  Y  M  L  K  Y  J  J  V
L  Č  I  Á  C  N  O  E  C  É  M  P  Í  O
X  A  O  W  T  K  M  N  I  G  T  X  D  C
Z  T  W  P  K  Y  Á  O  B  Ě  D  O  L  E
H  A  Z  T  X  R  Č  Ž  U  U  W  Y  O  D
N  H  P  P  J  G  K  E  L  I  H  W  A  I
K  U  Ř  E  K  M  A  Y  E  H  L  A  D  H
V  H  T  P  Z  X  X  G  S  R  N  U  B  O
S  F  T  Ř  G  R  I  L  H  O  R  K  Ý  N
V  E  Č  E  Ř  E  C  U  L  G  B  H  C  T
X  E  W  P  O  Z  V  Á  N  Í  H  J  M  U
T  H  U  D  B  A  K  X  M  O  K  K  H  G
```

HORKÝ	GRIL
VEČEŘE	SALÁTY
JÍDLO	POZVÁNÍ
CIBULE	HUDBA
NOŽE	PEPŘ
LÉTO	KUŘE
HLAD	RAJČATA
RODINA	OBĚD
OVOCE	SŮL
HRY	OMÁČKA

40 - Riempire

```
L L N A P S X V V J U W W K
Á T B O O D C E O I N R W V
H T I X T H K A P E B J M N
E Š U P L Í K O Š Í K E Y X
V Á Z A I F I P L D Y C K U
P L A V I D L O K B E L Í K
S B P T R U N O A A E A B A
L P O P R G A B R L M D Z P
O T V X X U D Á T Í B G N S
Ž A O L T N B L O Č A O H A
K N D W S K M K N E R H H O
A C Í R K G U A A K E R Y L
K R A B I C E F J B L E X K
Z Á S O B N Í K R T A Š K A
```

POVODÍ	PLAVIDLO
BAREL	BALÍČEK
TAŠKA	KRABICE
LÁHEV	KBELÍK
OBÁLKA	KAPSA
SLOŽKA	TRUBKA
KARTON	KUFR
BEDNA	VÁZA
ŠUPLÍK	ZÁSOBNÍK
KOŠÍK	

41 - Insetti

```
X  R  C  R  Z  T  R  E  D  W  O  B  F  P
W  C  I  S  R  Š  E  Ň  K  O  M  Á  R  Z
I  T  K  M  B  L  E  C  H  A  M  N  O  E
Š  V  Á  B  A  L  A  T  V  Č  E  L  A  Č
X  Y  D  W  T  N  B  R  O  U  K  K  K  E
V  G  A  K  E  V  T  S  V  S  M  O  L  R
Á  O  R  M  R  G  A  I  J  A  O  B  U  V
Ž  K  S  R  M  L  P  W  S  J  T  Y  M  S
K  W  T  A  I  T  G  L  G  A  Ý  L  R  Z
A  D  P  V  T  Z  X  P  D  C  L  K  S  I
F  F  V  E  I  R  G  I  L  G  N  A  K  D
T  O  N  N  E  B  X  S  F  E  N  E  D  D
Z  I  I  E  B  E  R  U  Š  K  A  T  L  A
M  Š  I  C  E  L  K  I  T  X  T  P  C  M
```

MŠICE	LARVA
VČELA	VÁŽKA
SRŠEŇ	MANTISA
KOBYLKA	BLECHA
CIKÁDA	ŠVÁB
BERUŠKA	TERMIT
BROUK	ČERV
MOL	VOSA
MOTÝL	KOMÁR
MRAVENEC	

42 - Erboristeria

```
H  I  A  R  C  B  P  Z  Š  K  E  L  T  S
G  K  O  P  R  A  K  X  A  V  S  E  Y  K
M  Z  V  M  M  Z  V  C  F  A  T  V  M  U
F  A  S  K  C  A  Ě  V  R  L  R  A  I  L
W  E  J  I  C  L  T  H  Á  I  A  N  Á  I
Y  P  N  O  J  K  I  O  N  T  G  D  N  N
D  W  P  Y  R  A  N  L  R  A  O  U  R  Á
B  R  Ř  P  K  Á  A  C  O  E  N  L  P  Ř
V  Z  Í  Z  Y  L  N  I  Z  S  G  E  L  S
Č  E  S  N  E  K  T  K  M  Á  T  A  A  K
Z  L  A  Y  Z  A  H  R  A  D  A  P  N  É
Y  E  D  E  C  P  E  T  R  Ž  E  L  N  O
M  N  A  C  K  R  J  T  Ý  S  R  T  D  C
D  Á  X  S  P  M  F  Z  N  W  O  U  L  N
```

ČESNEK	MAJORÁNKA
KOPR	MÁTA
BAZALKA	OREGANO
KULINÁŘSKÉ	PETRŽEL
ESTRAGON	KVALITA
FENYKL	ROZMARÝN
KVĚTINA	TYMIÁN
ZAHRADA	ZELENÁ
PŘÍSADA	ŠAFRÁN
LEVANDULE	

43 - Danza

```
W P T O W C H S B L O E T C
I A U T P P U N K V S M R H
E R A Z Y P D R U O G O A O
X T Ě L O K B M G T D C D R
P N M U P L A E Y Z Í E I E
R E I M R A D O S T N Ý Č O
E R L Ě Y S K E B Z H Y N G
S D O N T I V U H E Z L Í R
I Y S Í M C I W L V K Z M A
V C T K U K U S W T O E X F
N Z Y C S Ý U S K Z U Z D I
Í K U L T U R N Í O Š R O E
M U A K A D E M I E K R A C
V I Z U Á L N Í S B A B S S
```

AKADEMIE	RADOSTNÝ
UMĚNÍ	MILOST
KLASICKÝ	HNUTÍ
PARTNER	HUDBA
CHOREOGRAFIE	ZKOUŠKA
TĚLO	RYTMUS
KULTURA	SKOK
KULTURNÍ	TRADIČNÍ
EMOCE	VIZUÁLNÍ
EXPRESIVNÍ	

44 - Commedia

```
H  E  R  E  Č  K  A  S  U  T  P  P  K  B
S  M  Í  C  H  R  D  C  B  X  O  U  O  H
L  L  Z  N  K  Z  T  A  F  U  T  B  H  F
E  C  T  E  L  E  V  I  Z  E  L  L  P  E
G  Z  Á  B  A  V  A  C  B  T  E  I  D  X
R  D  C  D  U  D  N  L  H  B  S  K  K  P
A  Z  I  L  N  C  E  X  P  Y  K  U  U  R
Č  C  B  V  I  H  E  R  E  C  T  M  S  E
N  J  B  L  A  V  T  I  P  Y  P  R  R  S
Í  C  S  I  H  D  K  A  C  E  U  R  Ý  I
L  Z  E  J  F  C  L  J  A  R  W  G  I  V
G  T  B  A  P  A  R  O  D  I  E  I  M  N
K  L  I  M  P  R  O  V  I  Z  A  C  E  Í
Ž  Á  N  R  A  B  R  T  H  U  M  O  R  E
```

POTLESK	CHYTRÝ
HEREC	PARODIE
HEREČKA	PUBLIKUM
KLAUNI	SMÍCH
LEGRAČNÍ	VTIPY
ZÁBAVA	DIVADLO
EXPRESIVNÍ	TELEVIZE
ŽÁNR	HUMOR
IMPROVIZACE	

45 - Scuola #1

```
X  X  M  P  A  P  Í  R  S  L  O  Ž  K  Y
C  X  U  Ř  J  P  Č  A  W  Y  B  K  U  V
F  H  Č  Á  K  H  Í  U  B  M  Ě  M  F  L
S  C  I  T  Č  Í  S  L  A  R  D  B  A  P
M  A  T  E  M  A  T  I  K  A  V  O  G  E
T  B  E  L  U  W  T  Ř  Í  D  A  S  V  R
U  E  L  É  Z  Á  B  A  V  A  J  A  Y  A
A  C  D  Y  R  K  V  Í  Z  K  N  I  H  Y
S  E  N  G  I  D  O  T  Ž  I  D  L  E  I
I  D  H  G  M  P  A  U  R  U  W  C  V  M
G  A  B  Z  W  A  V  Ž  Š  S  S  P  J  D
L  A  V  I  C  E  A  K  E  K  L  O  K  W
K  N  I  H  O  V  N  A  V  C  Y  S  M  A
E  V  O  D  P  O  V  Ě  D  I  E  L  H  R
```

ABECEDA	KNIHY
PŘÁTELÉ	MATEMATIKA
TŘÍDA	TUŽKA
KNIHOVNA	ČÍSLA
PAPÍR	PERA
SLOŽKY	OBĚD
ZÁBAVA	KVÍZ
ZKOUŠKY	ODPOVĚDI
UČITEL	LAVICE
ČÍST	ŽIDLE

46 - Fiori

```
S B W S L E V A N D U L E K
E F K F T K I N A R C I S G
D N A E V M V G S R C L I A
M V S J N Á I P N Ů U I P R
I S M S U K M B Š Ž U E I D
K T A M W Y O E I E F H V É
R U G F B T U L A Š Ř Z O N
Á L N W V I E V I C E Í Ň I
S I Ó O R C H I D E J K K E
K P L U M E R I A Z P E A J
A Á I S L U N E Č N I C E E
N N E P A M P E L I Š K A T
L N U B I Z T J A S M Í N E
Y R P J O I M U Č E N K A L
```

PAMPELIŠKA

GARDÉNIE

JASMÍN

LILIE

SLUNEČNICE

IBIŠEK

LEVANDULE

ŠEŘÍK

MAGNÓLIE

SEDMIKRÁSKA

KYTICE

NARCIS

ORCHIDEJ

MÁK

MUČENKA

PIVOŇKA

PLUMERIA

RŮŽE

JETEL

TULIPÁN

47 - Ecologia

```
S  K  P  N  I  O  F  P  O  G  H  V  L  P
K  O  R  Ř  J  Z  C  S  H  L  J  A  D  U
K  M  O  M  Í  D  I  X  M  O  Č  Á  L  P
L  U  S  O  R  R  H  I  G  B  H  F  J  Ř
I  N  T  Ř  O  O  O  F  F  Á  Y  H  Y  E
M  I  L  S  Z  J  R  D  O  L  S  B  Z  Ž
A  T  I  K  M  E  Y  P  A  N  V  S  W  I
R  Y  N  Ý  A  V  K  L  A  Í  N  H  B  T
L  P  Y  U  N  O  A  F  E  N  C  M  M  Í
H  A  S  S  I  U  Y  G  A  Z  D  N  F  D
V  E  G  E  T  A  C  E  S  U  C  H  O  R
P  Ř  Í  R  O  D  N  Í  U  O  N  B  Y  U
U  O  W  F  S  F  L  Ó  R  A  B  A  J  H
M  M  E  N  T  Y  J  O  O  D  R  Ů  D  A
```

KLIMA	PŘÍRODNÍ
KOMUNITY	MOČÁL
ROZMANITOST	ROSTLINY
FAUNA	ZDROJE
FLÓRA	SUCHO
GLOBÁLNÍ	PŘEŽITÍ
MOŘSKÝ	DRUH
HORY	ODRŮDA
PŘÍRODA	VEGETACE

48 - Discipline Scientifiche

```
R  S  H  T  J  J  B  F  P  M  S  A  M  N
F  P  M  E  M  T  I  Y  S  E  O  S  I  E
T  J  A  R  U  N  O  Z  Y  T  C  T  N  U
J  Y  S  M  O  E  C  I  C  E  I  R  E  R
Z  A  U  O  A  I  H  O  H  O  O  O  R  O
B  M  Z  D  R  M  E  L  O  R  L  N  A  L
I  E  G  Y  W  U  M  O  L  O  O  O  L  O
O  C  E  N  K  N  I  G  O  L  G  M  O  G
L  H  O  A  C  O  E  I  G  O  I  I  G  I
O  A  L  M  H  L  V  E  I  G  E  E  I  E
G  N  O  I  E  O  Y  Ě  E  I  J  K  E  K
I  I  G  K  M  G  B  E  D  E  I  M  L  F
E  K  I  A  I  I  H  N  Z  A  V  K  O  U
O  A  E  H  E  E  B  O  T  A  N  I  K  A
```

ASTRONOMIE   JAZYKOVĚDA
BIOCHEMIE   MECHANIKA
BIOLOGIE   METEOROLOGIE
BOTANIKA   MINERALOGIE
CHEMIE   NEUROLOGIE
FYZIOLOGIE   PSYCHOLOGIE
GEOLOGIE   SOCIOLOGIE
IMUNOLOGIE   TERMODYNAMIKA

49 - Scienza

```
Z  S  R  N  H  Y  P  O  T  É  Z  A  V  L
Č  Á  S  T  I  C  E  Ř  A  K  Y  N  P  A
P  U  D  H  Z  R  H  S  Í  E  W  J  M  B
M  O  L  E  K  U  L  Y  O  R  E  G  Z  O
F  Y  Z  I  K  A  S  W  J  V  O  F  G  R
P  B  P  O  V  Ý  V  O  J  Z  F  D  G  A
D  U  R  G  R  A  V  I  T  A  C  E  A  T
W  L  N  T  Y  O  D  A  T  A  H  F  M  O
K  U  Z  V  O  B  V  R  X  X  E  O  E  Ř
H  L  M  I  N  E  R  Á  L  Y  M  S  T  V
F  O  I  A  T  O  M  M  N  C  I  I  O  Ě
H  Z  A  M  M  N  S  S  S  Í  C  L  D  D
I  O  W  C  A  J  Z  S  Y  G  K  I  A  E
O  R  G  A  N  I  S  M  U  S  Ý  E  D  C
```

ATOM	LABORATOŘ
CHEMICKÝ	METODA
KLIMA	MINERÁLY
DATA	MOLEKULY
VÝVOJ	PŘÍRODA
FYZIKA	ORGANISMUS
FOSILIE	POZOROVÁNÍ
GRAVITACE	ČÁSTICE
HYPOTÉZA	VĚDEC

50 - Acqua

```
V  K  V  V  X  J  E  C  G  R  V  M  Z  Y
M  S  B  Y  L  E  D  N  E  K  X  O  U  B
F  O  K  V  P  H  X  X  J  K  A  N  Á  L
O  C  I  K  U  A  K  O  Z  B  U  Z  Z  J
J  E  Z  E  R  O  Ř  Ý  Í  P  N  U  A  B
P  Á  R  A  P  Z  S  O  R  O  X  N  V  L
Y  N  R  S  I  F  L  N  V  Z  Z  Z  L  A
O  N  K  N  T  I  K  H  Í  Á  M  M  A  M
E  I  V  L  N  Y  Y  U  Z  H  N  V  Ž  R
U  T  C  X  Ý  S  P  R  C  H  A  Í  O  Á
V  L  H  K  O  S  T  I  Ř  D  U  W  V  Z
P  O  V  O  D  E  Ň  K  E  É  T  A  Á  Z
Z  A  P  A  S  B  M  Á  K  Š  R  M  N  H
S  A  S  W  C  R  H  N  A  Ť  M  T  Í  O
```

POVODEŇ	MONZUN
KANÁL	SNÍH
SPRCHA	OCEÁN
VYPAŘOVÁNÍ	VLNY
ŘEKA	DÉŠŤ
MRÁZ	PITNÝ
GEJZÍR	VLHKOST
LED	VLHKÝ
ZAVLAŽOVÁNÍ	HURIKÁN
JEZERO	PÁRA

51 - Gatti

```
K  N  G  I  H  L  X  U  A  Y  G  X  W  O
Y  O  D  R  Á  P  L  A  C  H  Ý  V  R  S
X  Z  Ž  M  N  O  C  A  S  O  Z  X  M  O
H  G  P  E  L  Á  S  K  Y  P  L  N  Ý  B
P  X  M  Y  Š  G  O  K  H  C  Á  I  L  N
T  Ř  X  A  N  I  R  H  X  E  Z  T  E  O
I  E  Í  K  Y  T  N  R  M  Z  G  D  G  S
T  I  G  Z  V  E  S  A  D  B  S  J  R  T
E  W  F  N  E  Z  Á  V  I  S  L  Ý  A  R
H  Š  Í  L  E  N  Ý  Ý  V  L  O  V  Č  Y
M  A  L  Ý  N  G  L  E  O  N  V  Y  N  C
Z  V  Ě  D  A  V  Ý  M  K  P  E  V  Í  H
T  L  A  P  K  A  B  C  Ý  Z  C  V  T  L
D  A  M  W  B  W  C  H  X  F  L  R  F  E
```

LÁSKYPLNÝ	ŠÍLENÝ
DRÁP	KOŽEŠINA
LOVEC	OSOBNOST
OCAS	MALÝ
ZVĚDAVÝ	DIVOKÝ
LEGRAČNÍ	PLACHÝ
SPÁT	MYŠ
PŘÍZE	RYCHLE
HRAVÝ	TLAPKA
NEZÁVISLÝ	

52 - Surf

```
S  I  B  T  D  A  V  Y  G  C  M  L  H  J
S  P  O  R  T  O  V  E  C  L  R  C  H  T
B  T  M  F  S  R  Y  C  H  L  O  S  T  Z
N  Z  Y  L  P  O  P  U  L  Á  R  N  Í  A
P  S  P  L  R  Ž  A  L  U  D  E  K  Z  Č
J  A  O  C  E  Á  N  C  Á  I  X  B  Á  Á
E  V  B  J  J  Z  P  K  X  Ž  T  P  B  T
Ú  T  E  S  V  P  T  A  H  O  R  Á  A  E
A  V  X  Í  O  O  U  H  K  H  É  D  V  Č
W  U  J  L  J  Č  N  V  Z  O  M  L  A  N
V  L  N  A  Š  A  M  P  I  Ó  N  O  M  Í
J  W  T  F  S  S  H  Ě  G  Y  Í  J  O  K
A  H  K  U  N  Í  K  N  I  M  M  N  S  M
P  L  A  V  A  T  F  A  T  X  E  R  J  A
```

SPORTOVEC	PÁDLO
ŠAMPIÓN	POPULÁRNÍ
ZÁBAVA	ZAČÁTEČNÍK
EXTRÉMNÍ	PĚNA
DAVY	ÚTES
SÍLA	PLÁŽ
POČASÍ	SPREJ
PLAVAT	STYL
OCEÁN	ŽALUDEK
VLNA	RYCHLOST

53 - Imbarcazioni

```
I  W  Y  M  L  U  F  E  R  P  Z  E  L  M
Y  G  S  T  O  Ž  Á  R  K  O  T  V  A  O
M  T  R  E  Y  Ř  E  K  A  S  P  L  N  T
P  J  K  Á  N  O  E  L  J  Á  C  N  O  O
Ř  I  I  Y  Á  O  V  B  A  D  S  Y  M  R
Í  D  T  U  M  U  E  Ó  K  K  B  W  P  Z
L  M  M  A  O  Z  J  J  J  A  C  H  T  A
I  H  L  D  Ř  O  C  E  Á  N  P  N  P  R
V  V  M  Y  N  G  Y  I  Z  G  W  G  W  I
Y  O  R  X  Í  T  R  A  J  E  K  T  H  Y
R  J  R  H  K  H  T  T  C  O  R  A  U  J
P  L  A  C  H  E  T  N  I  C  E  O  F  H
N  N  Á  M  O  Ř  N  Í  P  W  F  K  T  L
C  X  E  T  D  A  R  Z  I  Z  B  D  W  F
```

STOŽÁR	MOŘE
KOTVA	PŘÍLIV
PLACHETNICE	NÁMOŘNÍK
BÓJE	MOTOR
KÁNOE	NÁMOŘNÍ
LANO	OCEÁN
POSÁDKA	VLNY
ŘEKA	TRAJEKT
KAJAK	JACHTA
JEZERO	VOR

54 - Api

```
A O H E U T R O J P K R E S
B R V V P V O J Í L V O K F
F Y G O B A Z N D G Ě S O Ú
S L U N C E M Z L K T T S L
R X P F U E A X O O I L Y Y
H M M K I I N Z T U N I S A
P M E D M H I A V Ř Y N T C
Y Ř Y W P E T H O Y D Y É W
L U Í Z C Y O R S Y Z J M G
G R I Z W U S A K Ř Í D L A
J J N Z N H T D J F A I Z O
U F P E K I A A T H T Z W L
N K R Á L O V N A E O G S N
V Z A I E S G Ý K V Ě T V P
```

KŘÍDLA
ÚL
PŘÍZNIVÝ
VOSK
JÍDLO
ROZMANITOST
EKOSYSTÉM
KVĚTINY
KVĚT
OVOCE

KOUŘ
ZAHRADA
HMYZ
MED
ROSTLINY
PYL
KRÁLOVNA
ROJ
SLUNCE

55 - Strumenti Musicali

```
V  I  O  L  O  N  C  E  L  L  O  X  K  T
S  A  C  W  X  A  B  D  R  D  K  K  Y  A
B  U  B  E  N  B  E  N  D  Ž  O  K  T  M
M  P  O  Z  O  U  N  Z  F  J  G  S  A  B
A  A  K  E  M  J  W  G  Z  P  B  A  R  U
R  X  N  L  H  J  H  O  B  O  J  X  A  R
I  Z  T  D  A  J  J  N  Y  K  F  O  T  Í
M  J  X  Z  O  R  K  G  P  L  L  F  R  N
B  T  L  N  F  L  I  T  V  E  É  O  U  A
A  H  A  R  F  A  Í  N  A  P  T  N  B  Y
K  L  A  V  Í  R  G  N  E  U  N  I  K  P
U  E  F  B  M  J  E  O  A  T  A  R  A  W
U  R  H  O  U  S  L  E  T  Y  O  T  P  C
H  A  R  M  O  N  I  K  A  X  Y  I  M  I
```

HARMONIKA	HOBOJ
HARFA	POKLEP
BENDŽO	KLAVÍR
KYTARA	SAXOFON
KLARINET	TAMBURÍNA
FAGOT	BUBEN
FLÉTNA	TRUBKA
GONG	POZOUN
MANDOLÍNA	HOUSLE
MARIMBA	VIOLONCELLO

56 - Professioni #2

```
A L F A N O B S L M L C V K
N É I Z O O L O G A V H Ý N
I K L N F V V B L L Y I Z I
H A O I G L U I B Í Š R K H
G Ř Z L U V Č Y N Ř E U U O
Z U O U K A I E F Á T R M V
U A F S Z U T S O L Ř G N N
B H H T M J E F T M O I Í Í
A K J R R C L L O A V N K K
Ř S P Á A H A N G V A Ž D R
N A X T I D I E R X T E H B
P I L O T K N B A A E N U B
J W G R M C E Í F B L Ý T J
B I O L O G K T K W V R Y T
```

KNIHOVNÍK	INŽENÝR
BIOLOG	UČITEL
CHIRURG	VYŠETŘOVATEL
ZUBAŘ	LINGVISTA
FILOZOF	LÉKAŘ
FOTOGRAF	PILOT
ZAHRADNÍK	MALÍŘ
NOVINÁŘ	VÝZKUMNÍK
ILUSTRÁTOR	ZOOLOG

57 - Letteratura

```
A P Z D B S V M E N X Z R N
K R O Ž I V O T O P I S O Á
T Ý T E T A U T O R N A M Z
É M V A T O L M E U S N Á O
M Ž Á N R I E O T E R A N R
A P W A B I C N G A O L T R
G R B L O S T K W R V Ý R A
B Z P O P I S G Ý Y N Z A C
P Á B G M R T W F T Á A G H
L V S I K V Y P O M N E É T
C Ě J E J R L H G U Í K D G
E R X T Ň M S U H S M E I O
N Z L M E T A F O R A B E J
J P A N E K D O T A T X H P
```

ANALÝZA	METAFORA
ANALOGIE	NÁZOR
ANEKDOTA	BÁSEŇ
AUTOR	POETICKÝ
ŽIVOTOPIS	RÝM
ZÁVĚR	RYTMUS
SROVNÁNÍ	ROMÁN
POPIS	STYL
DIALOG	TÉMA
ŽÁNR	TRAGÉDIE

58 - Cibo #2

```
T R A L J J T Y N J K N L P
Ř C N D O W K S K A F T F Š
E Y S Y G B R C C B Y F L E
Š B X Ý U S Š O B L R J D N
E W W H R B U J T K I Ý O I
Ň W H R T R N P H O E L Ž C
K U Ř E Č O K O L Á D A E E
C E L E R K A H Y G C V N K
H O U B A O V R U H J E R T
L M Y A J L W O S Y D J Y K
É A I N Č I K Z V O S C T M
B P U Á E C I E M B X E W E
G O P N B E W N T Y M C X A
O F Z K J B I R Y B A U E K
```

BANÁN	CHLÉB
BROKOLICE	RYBA
TŘEŠEŇ	KUŘE
ČOKOLÁDA	RAJČE
SÝR	ŠUNKA
HOUBA	RÝŽE
PŠENICE	CELER
KIWI	VEJCE
JABLKO	HROZEN
LILEK	JOGURT

59 - Nutrizione

```
K  O  Ř  E  N  Í  S  Z  D  R  A  V  Ý  N
A  N  M  K  S  M  T  A  L  J  V  R  I  U
L  R  K  Á  G  T  R  T  C  A  E  X  N  Y
O  O  S  D  Č  M  A  O  E  H  K  D  V  O
R  K  L  B  M  K  V  X  Z  K  A  M  L  B
I  Ž  I  V  I  N  A  I  J  W  W  R  H  Ý
E  V  Y  V  Á  Ž  E  N  Ý  I  Y  E  I  Y
K  V  A  Š  E  N  Í  Z  D  R  A  V  Í  D
V  I  T  A  M  Í  N  T  R  Á  V  E  N  Í
P  R  O  T  E  I  N  Y  Y  N  H  C  H  T
W  H  P  T  C  K  A  P  A  L  I  N  Y  M
V  K  T  I  H  H  M  O  T  N  O  S  T  W
M  X  R  H  U  H  O  R  K  Ý  J  F  K  N
J  E  M  A  Ť  K  V  A  L  I  T  A  X  Z
```

HORKÝ	ŽIVINA
CHUŤ	HMOTNOST
VYVÁŽENÝ	PROTEINY
KALORIE	KVALITA
SACHARID	OMÁČKA
JEDLÝ	ZDRAVÍ
STRAVA	ZDRAVÝ
TRÁVENÍ	KOŘENÍ
KVAŠENÍ	TOXIN
KAPALINY	VITAMÍN

60 - Matematica

```
G  B  P  Y  W  N  S  Z  T  C  D  A  T  R
O  B  V  O  D  Á  S  L  A  T  I  R  R  O
J  F  J  R  O  M  N  O  K  C  V  I  O  V
E  T  F  O  B  Ě  M  M  U  T  I  T  V  N
D  X  V  V  J  S  H  E  F  Č  Z  M  N  O
E  G  P  N  E  T  B  K  L  C  E  E  I  B
S  E  S  O  M  Í  I  S  T  O  T  T  C  Ě
E  O  Y  B  N  P  R  Ů  M  Ě  R  I  E  Ž
T  M  M  Ě  K  E  G  H  B  W  P  C  Y  N
I  E  E  Ž  Ú  H  N  Y  U  R  R  K  N  Ý
N  T  T  N  M  H  E  T  W  F  J  Ý  G  T
N  R  R  Í  P  O  L  Y  G  O  N  K  S  I
Ý  I  I  K  H  X  R  Y  X  L  X  X  K  A
Z  E  E  W  D  O  B  D  É  L  N  Í  K  K
```

ÚHLY	ROVNOBĚŽNÝ
ARITMETICKÝ	ROVNOBĚŽNÍK
DESETINNÝ	OBVOD
PRŮMĚR	POLYGON
DIVIZE	NÁMĚSTÍ
ROVNICE	OBDÉLNÍK
EXPONENT	SYMETRIE
ZLOMEK	SOUČET
GEOMETRIE	OBJEM

61 - Meditazione

```
G H R U I E S B M P S A P C
R U I L B X H M Y O G E O I
D D Ý C H Á N Í Š Z J M Z O
U B U P K Z U R L O L O O O
Š A M K Ř E T N E R A C R R
E N L M I I Í O N N S E O P
V E Č Y B F J P K O K V V Ř
N S E S D T A E Y S A K Á Í
Í O T L O U S Z T T V I N R
N U K L I D N I T Í O D Í O
H C V G F K O Š T Ě S T Í D
O I L P E R S P E K T I V A
B T P R Y B T L N C U U T S
I J F L G O V D Ě Č N O S T
```

PŘIJETÍ
POZORNOST
UKLIDNIT
JASNOST
SOUCIT
EMOCE
ŠTĚSTÍ
LASKAVOST
VDĚČNOST
DUŠEVNÍ

MYSL
HNUTÍ
HUDBA
PŘÍRODA
POZOROVÁNÍ
MÍR
MYŠLENKY
PERSPEKTIVA
DÝCHÁNÍ
UMLČET

62 - Estate

```
M  K  V  Z  K  N  I  H  Y  D  R  X  F  P
O  V  E  I  Z  D  C  R  A  D  O  S  T  L
Ř  Z  C  M  E  O  H  Y  E  H  D  M  I  Á
E  P  E  R  P  V  S  V  S  H  I  V  O  Ž
B  O  S  F  U  O  M  A  U  N  N  F  B  V
O  M  T  H  P  L  V  X  N  A  A  T  K  O
P  Í  O  C  H  E  E  Á  U  D  T  F  I  L
O  N  V  L  V  N  A  L  N  J  Á  O  R  N
T  K  A  J  Ě  Á  K  I  I  Í  S  L  K  Ý
Á  Y  T  D  Z  A  H  R  A  D  A  X  Y  Č
P  D  H  U  D  B  A  D  O  L  A  N  P  A
Ě  A  P  U  Y  K  M  P  H  O  T  Y  B  S
N  V  N  R  E  L  A  X  A  C  E  O  D  K
Í  T  P  Ř  Á  T  E  L  É  F  P  F  N  C
```

PŘÁTELÉ	MOŘE
KEMPOVÁNÍ	HUDBA
DOMOV	VZPOMÍNKY
JÍDLO	RELAXACE
RODINA	SANDÁLY
ZAHRADA	PLÁŽ
HRY	HVĚZDY
RADOST	VOLNÝ ČAS
POTÁPĚNÍ	DOVOLENÁ
KNIHY	CESTOVAT

63 - Escursionismo

```
N A L W D U N P D P K D X B
M A P A I N E R F L E G H O
Ú I S X V A B Ů K L I M A T
K T I F O V E V A S V T O Y
E L E T K E Z O M U O E E T
M E T S Ý N P D E M D L A O
P W H T T Ý E C N M A V D R
O A O Ě Z D Č E Y I H J G I
V D R Ž O V Í W J T K X A E
Á H A K X R Í S L U N C E N
N H M Ý Y M O Ř B G O F F T
Í P Ř Í R O D A A P U B K A
X E X F R A I X S T H T N C
Y T L R I P Ř Í P R A V A E
```

VODA
ZVÍŘATA
KEMPOVÁNÍ
KLIMA
PRŮVODCE
MAPA
HORA
PŘÍRODA
ORIENTACE
PARKY

NEBEZPEČÍ
TĚŽKÝ
KAMENY
PŘÍPRAVA
ÚTES
DIVOKÝ
SLUNCE
UNAVENÝ
BOTY
SUMMIT

64 - Professioni #1

```
P V A X H K H U D E B N Í K
W I E E V M L S E S T R A Y
K X A L C Z G E O L O G L B
A Y D N V K Y X N Y W H O A
R T V C I Y M F V O J U V N
T L O E E S S D N V T O E K
O F K X D L T L W A V N C É
G T Á W I W U A A M Ě K Í Ř
R S T F T N S Z R N D N O K
A S T R O N O M F P E C J M
F I U T R E N É R J C C V Z
W C V I N S T A L A T É R U
L É K Á R N Í K U M Ě L E C
P S Y C H O L O G E J H Y B
```

TRENÉR
VELVYSLANEC
UMĚLEC
ASTRONOM
ADVOKÁT
BANKÉŘ
LOVEC
KARTOGRAF
EDITOR

LÉKÁRNÍK
GEOLOG
KLENOTNÍK
INSTALATÉR
SESTRA
HUDEBNÍK
PIANISTA
PSYCHOLOG
VĚDEC

65 - Antartide

```
X V A K U O B L Z V W R K F
A O X H Z T Z E A Ý G J A C
L D U Z M C X D C Z O Y V I
W A T N X T I O H K K H I D
T E P L O T A V O U I M X F
V Ě D E C K Ý C V M V M R Z
Z E M Ě P I S E Á N E I L Á
Y M I G R A C E N Í L N E L
E X P E D I C E Í K R E D I
P O L O O S T R O V Y R M V
S K A L N A T Ý S G B Á R S
P R Ů Z K U M E B S Y L A O
K O N T I N E N T K L Y K V
O S T R O V Y P J E R M Y N
```

VODA	MIGRACE
ZÁLIV	MINERÁLY
VELRYBY	MRAKY
ZACHOVÁNÍ	POLOOSTROV
KONTINENT	VÝZKUMNÍK
PRŮZKUM	SKALNATÝ
ZEMĚPIS	VĚDECKÝ
LEDOVCE	EXPEDICE
LED	TEPLOTA
OSTROVY	

66 - Libri

```
L V T I P N Ý T Č E V D P G
G I Y J G Y M G T B Y O Ř W
H M T P O E Z I E G N B Í S
H I R E R O M Á N O A R B N
S C S J R A K M Á K L O Ě M
B W B T Z Á V I Ř O É D H T
Í V W B O U R Ě C N Z R L R
R B C P K R M N Č T A U D A
K P S A N Ý I Y Í E V Ž A G
A U T O R D N C R X Ý S N I
N U N E A T Ř K K T Y T D C
S T R Á N K A T J Ý W V G K
E I Z R M M D J R D E Í X Ý
E P O S D U A L I T A O N T
```

AUTOR
DOBRODRUŽSTVÍ
SBÍRKA
KONTEXT
DUALITA
EPOS
VYNALÉZAVÝ
LITERÁRNÍ
ČTENÁŘ
VYPRAVĚČ

STRÁNKA
POEZIE
ROMÁN
PSANÝ
ŘADA
PŘÍBĚH
HISTORICKÝ
TRAGICKÝ
VTIPNÝ

67 - Geografia

```
Z  R  R  I  W  S  S  E  W  M  G  Ú  W  M
J  E  P  O  L  O  K  O  U  L  E  Z  O  N
I  G  U  H  D  J  I  F  C  V  Ř  E  X  R
H  I  S  E  V  E  R  N  Í  Z  E  M  Ě  F
G  O  V  F  Y  N  W  Y  M  I  K  Í  J  K
M  N  R  A  T  L  A  S  X  Ě  A  U  W  O
O  A  N  A  E  W  G  U  B  Y  S  K  Z  N
Ř  J  P  M  U  O  S  T  R  O  V  T  Y  T
E  V  L  A  K  C  M  V  L  S  Ě  Z  O  I
K  Y  P  O  L  E  D  N  Í  K  T  M  P  N
N  G  G  N  T  Á  L  S  A  H  N  B  I  E
A  U  R  O  V  N  Í  K  Z  Á  P  A  D  N
Y  N  Z  E  M  Ě  K  O  U  L  E  O  E  T
K  X  T  A  V  L  C  F  B  S  P  M  P  H
```

ATLAS	POLEDNÍK
MĚSTO	SVĚT
KONTINENT	HORA
POLOKOULE	SEVERNÍ
ROVNÍK	OCEÁN
ŘEKA	ZÁPAD
ZEMĚKOULE	ZEMĚ
OSTROV	REGION
MAPA	JIH
MOŘE	ÚZEMÍ

68 - Cibo #1

```
P  J  Č  Y  W  M  E  H  C  A  R  H  Z  K
Š  P  E  N  Á  T  R  T  Y  I  C  R  U  W
Ť  M  S  Č  X  R  A  K  L  O  T  T  S  P
Á  A  N  E  M  Á  T  A  E  H  W  R  K  Z
V  S  E  I  C  E  P  I  P  V  N  F  O  C
A  O  K  Z  I  J  N  V  P  G  B  D  Ř  N
D  O  R  T  B  A  S  W  G  A  F  X  I  V
S  U  B  K  U  H  R  U  Š  K  A  V  C  I
T  T  E  P  L  O  D  C  C  H  O  M  E  O
C  D  Z  S  E  D  T  U  Ň  Á  K  H  A  Z
B  Z  B  A  Z  A  L  K  A  T  J  P  A  O
M  M  M  L  É  K  O  R  O  Z  J  E  N  Z
K  I  M  Á  S  Ů  L  J  R  L  G  Y  P  X
N  E  B  T  U  Ř  Í  N  P  P  V  M  V  D
```

ČESNEK	MÁTA
BAZALKA	JEČMEN
SKOŘICE	HRUŠKA
MASO	TUŘÍN
MRKEV	SŮL
CIBULE	ŠPENÁT
JAHODA	ŠŤÁVA
SALÁT	TUŇÁK
MLÉKO	DORT
CITRON	CUKR

69 - Aeroplani

```
U  K  Y  K  K  K  S  E  S  T  U  P  P  V
N  A  V  I  G  O  V  A  T  R  V  A  C  O
O  N  W  F  M  H  N  X  M  K  Z  L  E  D
M  O  T  O  R  A  E  S  M  Ě  R  I  S  Í
Z  A  P  N  L  P  B  E  T  X  V  V  T  K
L  T  T  Ř  K  G  E  D  E  R  X  O  U  Y
O  I  Z  M  I  P  I  L  O  T  U  J  J  E
X  E  H  A  O  S  V  Ý  Š  K  A  K  Í  H
X  O  G  H  I  S  T  O  R  I  E  O  C  D
X  E  O  J  Y  F  F  Á  R  M  U  O  Í  E
P  O  S  Á  D  K  A  É  N  I  F  J  O  S
I  S  B  D  W  H  P  U  R  Í  C  L  S  I
T  V  Z  D  U  C  H  L  B  A  L  Ó  N  G
D  O  B  R  O  D  R  U  Ž  S  T  V  Í  N
```

VÝŠKA	SESTUP
VZDUCH	POSÁDKA
ATMOSFÉRA	VODÍK
PŘISTÁNÍ	MOTOR
DOBRODRUŽSTVÍ	NAVIGOVAT
PALIVO	BALÓN
NEBE	CESTUJÍCÍ
KONSTRUKCE	PILOT
DESIGN	HISTORIE
SMĚR	

70 - Pirati

```
M P J V S C R P Š U L U V D
M M I N C E U A P P D N P O
S A Z D K O M P A S N C Y B
K W V T W X K O T V A M A R
L A A M A P A U N Z B F X O
E Z P C J M I Š Ý P W R T D
G L A I N E B E Z P E Č Í R
E A K S T B S K N P H A F U
N T P O S Á D K A S L C C Ž
D O D S Z E N A Y X M Á R S
A I O T E E C T F N F E Ž T
D A Y R V L A J K A Ě K O V
A X D O O T P O K L A D X Í
Y R W V K M E Č J L I G E Z
```

KOTVA	LEGENDA
DOBRODRUŽSTVÍ	MAPA
VLAJKA	MINCE
KOMPAS	ZLATO
KAPITÁN	PAPOUŠEK
ŠPATNÝ	NEBEZPEČÍ
JIZVA	RUM
POSÁDKA	MEČ
JESKYNĚ	PLÁŽ
OSTROV	POKLAD

71 - Colori

```
O  K  D  G  K  E  E  N  B  Č  H  B  N  R
A  F  T  F  A  T  N  K  Š  E  D  Á  A  O
H  N  P  I  A  Y  C  Z  W  R  Z  M  C  P
T  X  C  H  F  R  P  X  Z  N  D  I  H  U
T  R  T  B  X  K  B  F  L  Á  V  N  O  R
R  L  A  A  B  Y  É  Í  J  U  T  D  V  P
Č  F  Z  P  W  S  Ž  D  L  B  J  I  Ý  U
C  E  U  L  M  O  O  M  Z  Ý  O  G  Y  R
Z  G  R  C  N  V  V  O  W  R  Z  O  U  O
X  P  H  V  H  Á  Ý  D  X  Ů  E  X  Y  V
S  É  P  I  E  S  U  R  O  Ž  L  U  T  Á
H  N  Ě  D  Ý  N  I  Ý  M  O  E  L  O  M
S  H  H  M  I  S  É  E  O  V  N  X  C  O
G  V  O  R  A  N  Ž  O  V  Ý  Á  Y  I  N
```

ORANŽOVÝ	INDIGO
AZUR	PURPUROVÁ
BÉŽOVÝ	HNĚDÝ
BÍLÝ	ČERNÁ
MODRÝ	RŮŽOVÝ
TYRKYSOVÁ	ČERVENÉ
FUCHSIE	SÉPIE
ŽLUTÁ	ZELENÁ
ŠEDÁ	NACHOVÝ

72 - Spiaggia

```
L C G L C C T R H N D E L D
J A L O Ď D C Y K S S T I E
V U G B J W M M O U V G B Š
A D T U C D H R O C E Á N T
B O S A N D Á L Y D T A U N
D V L P H A E O S T R O V Í
P O U M P K M M O Ř E Ý L K
Í L N S D R U Č N Í K B I K
S E C P L A C H E T N I C E
E N E P O B Ř E Ž Í N T F D
K Á C Ú T E S J K F V F B S
D E J X B J O T O D O K R L
X Y D X K M D T W F A I B D
P L A V A T Z T M X F C N K
```

RUČNÍK	MOŘE
LOĎ	PLAVAT
PLACHETNICE	OCEÁN
MODRÝ	DEŠTNÍK
POBŘEŽÍ	PÍSEK
DOK	SANDÁLY
KRAB	ÚTES
OSTROV	SLUNCE
LAGUNA	DOVOLENÁ

73 - Avventura

```
B E Z P E Č N O S T R F P K
N I T I N E R Á Ř C H K Ř I
A O B T Í Ž N O S T E V Í P
V Y V P Ř Í P R A V A E R Ř
I B Ý Ý Ř E H B O X X S O Í
G D Z L Y Á R A D O S T D L
A E V N A K T I V I T A A E
C S Y K A K P E Ý U C T W Ž
E T E R D D K Y L W E E M I
R I R Á H R Š R E É S Č X T
N N B S I B Y E T T N U O
U A Z A S B A E N H U O G S
M C C W O I I K O Í J S X T
N E B E Z P E Č N Ý E T A Y
```

PŘÁTELÉ
AKTIVITA
KRÁSA
STATEČNOST
DESTINACE
OBTÍŽNOST
NADŠENÍ
VÝLET
RADOST
ITINERÁŘ

PŘÍRODA
NAVIGACE
NOVÝ
PŘÍLEŽITOST
NEBEZPEČNÝ
PŘÍPRAVA
VÝZVY
BEZPEČNOST
CESTUJE

74 - Forme

```
D Z K O U L E Y Ř Y F H J V
K N J U V X R M J Á V F V F
R Ř L G V Á P G E S D P O P
Y B I Z G P L O X G S E Y V
C O H V C Y X S M Z E J K T
H B E P K R O H O B L O U K
L D S T R A N A H F I D Ž N
E É R Y U M A U C N P Z E Á
V L H O H I R N S G S U L M
Á N R I D X Y S N A N B Ě
L Í A D A A P O L Y G O N S
E K N L N N Y R F Y K T E T
C W O H Y P E R B O L A Z Í
R G L T R O J Ú H E L N Í K
```

ROH	STRANA
OBLOUK	ŘÁDEK
HRANY	OVÁL
KRUH	PYRAMIDA
VÁLEC	POLYGON
KUŽEL	HRANOL
KRYCHLE	NÁMĚSTÍ
KŘIVKA	OBDÉLNÍK
ELIPSA	KOULE
HYPERBOLA	TROJÚHELNÍK

75 - Oceano

```
D Ž V I Z L S C M O N M A B
N E J S D G A Ú M S K S F W
N L L D P X Z T S X G X H A
W V O F Ř G B O Ů T J M S F
J A Ď G Í G P M L P Ř S Y A
D M L Y L N Z M Z I Z I B Y
E R N K I W N J B T C M C V
A W V H V E L R Y B A E Ú E
K K I R Y B A K L O H D T M
K R E V E T A C X U I Ú E K
Z Ú A V L N Y V R Ř P Z S O
C H O B O T N I C E B A X R
H O U B A Ž R A L O K E T Á
H Ř F H N S U T U Ň Á K O L
```

ÚHOŘ	ÚSTŘICE
VELRYBA	RYBA
LOĎ	CHOBOTNICE
KORÁL	SŮL
DELFÍN	ÚTES
KREVETA	HOUBA
KRAB	ŽRALOK
PŘÍLIVY	ŽELVA
MEDÚZA	BOUŘE
VLNY	TUŇÁK

76 - Famiglia

```
D M A N Ž E L O N M I S N M
Ě C A G B R A T R A N E C A
T D E N J M N C E T T S H T
S Ě Y R Ž D Y O I E E T N K
T D V Y A E A V K Ř D R M A
V E V C T V L S B S L A Y X
Í Č T O U R X K R K X X V K
J E Y R J T J Ý A Ý P Y S V
B K L T P Č Y W T L X D Y L
A D Ě T I D A T R B M Í N H
S T R Ý C O H T S I O T O P
P Ř E D E K E E A B T Ě V J
H X I C B V X T E S E H E O
L B A B I Č K A Z R C M C O
```

PŘEDEK   MATEŘSKÝ
DĚTI   MANŽELKA
DÍTĚ   SYNOVEC
BRATRANEC   BABIČKA
DCERA   DĚDEČEK
BRATR   OTEC
DVOJČATA   OTCOVSKÝ
DĚTSTVÍ   SESTRA
MATKA   TETA
MANŽEL   STRÝC

77 - Veicoli

```
N  W  L  B  M  O  T  O  R  T  D  O  V  L
N  T  R  A  K  T  O  R  L  O  Ď  V  R  C
P  Á  S  A  N  I  T  K  A  A  K  O  T  X
O  K  K  V  K  I  E  K  M  U  M  K  U  Z
N  O  A  L  M  E  J  L  E  T  A  D  L  O
O  L  R  A  A  U  T  O  T  O  X  U  N  U
R  O  A  K  T  Ď  M  A  R  B  F  S  Í  Y
K  B  V  X  A  R  Á  S  O  U  U  G  K  E
A  Ě  A  R  X  T  A  K  B  S  K  Z  G  P
V  Ž  N  R  I  E  T  J  K  V  X  E  B  K
P  K  A  B  X  C  E  R  E  E  D  N  V  P
D  A  Y  D  D  V  T  C  K  K  B  V  W  C
P  N  E  U  M  A  T  I  K  Y  T  O  E  N
J  Í  Z  D  N  Í  K  O  L  O  T  R  R  D
```

LETADLO	MOTOR
SANITKA	PNEUMATIKY
AUTO	RAKETA
AUTOBUS	KOLOBĚŽKA
LOĎ	PONORKA
JÍZDNÍ KOLO	TAXI
NÁKLAĎÁK	TRAJEKT
KARAVANA	TRAKTOR
VRTULNÍK	VLAK
METRO	VOR

78 - Emozioni

```
H R K C K H R T P N M B S R
L A S K A V O S T U Í L P A
S U Z H B K N K G D R A O D
M Y Y S E B A R L A S Ž K O
U F M V D Ě Č N Ý P G E O S
T H L P Z S T R A C H N J T
E B M Ř A R N O K W N O E W
K B B E K T U X B S Ě S N G
M K A K D G I Š A S V T Ý L
Ú L E V A Y Z E E T A N V Á
R I D A D B W Y K N Ě H A S
I D O P C R J V S M Ý Y K K
N R E I C U V O L N Ě N Ý A
C D U T U K L I D N I T U R
```

LÁSKA	STRACH
BLAŽENOST	HNĚV
UKLIDNIT	UVOLNĚNÝ
OBSAH	ÚLEVA
VZRUŠENÝ	SYMPATIE
LASKAVOST	SPOKOJENÝ
RADOST	PŘEKVAPIT
VDĚČNÝ	NĚHA
NUDA	KLID
MÍR	SMUTEK

79 - Natura

```
A  B  T  Ú  D  Y  N  A  M  I  C  K  Ý  V
A  R  K  T  I  C  K  Ý  J  T  M  T  V  I
W  P  P  O  U  Š  Ť  N  U  N  R  D  I  D
B  D  B  Č  E  R  O  Z  E  Y  A  Y  T  K
S  K  L  I  D  N  Ý  K  V  M  K  X  Á  R
M  Y  E  Š  L  W  Y  F  T  Í  Y  D  L  Á
H  L  S  T  Ř  E  K  A  R  Z  Ř  I  N  S
E  E  H  Ě  K  O  R  J  O  Y  P  A  Í  A
L  D  O  A  Z  I  T  U  P  Y  S  I  T  K
D  O  R  D  T  U  K  P  I  X  V  O  I  A
B  V  Y  O  T  L  M  M  C  H  Č  H  B  V
H  E  N  V  D  I  V  O  K  Ý  E  F  K  M
T  C  D  X  I  V  W  A  Ý  G  L  I  S  T
S  V  A  T  Y  N  Ě  C  I  W  Y  Y  X  T
```

ZVÍŘATA	LEDOVEC
VČELY	HORY
ARKTICKÝ	MLHA
KRÁSA	MRAKY
POUŠŤ	ÚTOČIŠTĚ
DYNAMICKÝ	SVATYNĚ
EROZE	DIVOKÝ
ŘEKA	KLIDNÝ
LIST	TROPICKÝ
LES	VITÁLNÍ

80 - Balletto

```
S  K  L  A  D  A  T  E  L  S  B  L  M  S
E  P  R  A  X  E  M  X  S  V  A  L  Y  H
P  X  O  R  C  H  E  S  T  R  L  F  W  T
O  C  P  E  I  A  U  M  Ě  L  E  C  K  Ý
T  U  X  R  Y  U  Y  G  N  V  R  J  J  D
L  T  A  N  E  Č  N  Í  C  I  Í  F  S  O
E  V  X  X  L  S  Z  U  W  J  N  P  H  V
S  U  T  I  E  T  I  K  E  L  A  U  U  E
K  I  R  O  G  Y  C  V  O  L  H  B  D  D
M  N  G  G  A  L  V  N  N  U  O  L  B  N
I  N  T  E  N  Z  I  T  A  Í  Š  I  A  O
J  F  O  S  T  R  Y  T  M  U  S  K  G  S
C  H  P  T  N  H  S  C  U  D  Z  U  A  T
X  E  T  O  Í  D  R  K  F  C  R  M  R  O
```

DOVEDNOST	INTENZITA
POTLESK	SVALY
UMĚLECKÝ	HUDBA
BALERÍNA	ORCHESTR
TANEČNÍCI	PRAXE
SKLADATEL	ZKOUŠKA
EXPRESIVNÍ	PUBLIKUM
GESTO	RYTMUS
ELEGANTNÍ	STYL

81 - Castelli

```
Z A O V B T Z D O K P M U M
M K B R Y Z B R O J R M Š C
J J C O D Y N A S T I E L K
Y C O Z B E U K T U N Č E R
C K A T A P U L T R C H C Á
V P P R I N C E Z N A R H L
K J E K E K V U Ř Z A O T O
Ů K V V C N O Š T Í T W I V
Ň Y Ě K N P A L Á C Š P L S
R C Ž P O O A I L W L E Ý T
W F F E M R S T Ě N A D J V
R Y T Í Ř B U T F E Y C O Í
D F E U D Á L N Í B D H Y E
M I M F J L L T A F N I P O
```

ZBROJ
KATAPULT
RYTÍŘ
KŮŇ
KORUNA
DYNASTIE
DRAK
FEUDÁLNÍ
PEVNOST
ŘÍŠE

UŠLECHTILÝ
PALÁC
STĚNA
PRINC
PRINCEZNA
KRÁLOVSTVÍ
ŠTÍT
MEČ
VĚŽ

82 - Campionato

```
T V M G S P O R T O V N Í S
U Ý X M T I F T Ý M V M M O
R K K O R R F R P E Í E E U
N O X T A V E W O D T O D D
A N H I T R N N T Ě J A C
J R R V E K O X É J Z O I E
M J Y A G A W R H R S V L M
P P I C I Z V K Z J T Š E N
J U O E E E V T L P V A H O
V Y T R V A L O S T Í M T B
E C F I N A L I S T A P W O
C A E F S J C U G X Z I S E
Z V A I Y Z L V S A I Ó K Z
M I S T R O V S T V Í N C H
```

TRENÉR
MISTROVSTVÍ
ŠAMPIÓN
FINALISTA
HRY
SOUDCE
LIGA
MEDAILE
MOTIVACE

VÝKON
VYTRVALOST
SPORTOVNÍ
TÝM
STRATEGIE
POT
TURNAJ
VÍTĚZSTVÍ

83 - Foresta Pluviale

```
J  V  B  R  D  P  Ř  Í  R  O  D  A  R  S
Z  A  N  T  R  X  Ů  M  Y  Y  I  S  O  P
A  G  K  T  U  S  A  V  C  I  Z  V  Z  O
C  S  M  N  H  M  Y  Z  O  S  O  J  M  L
H  N  L  M  W  N  Z  M  V  D  D  N  A  E
O  B  N  O  V  E  N  Í  E  C  N  N  N  Č
V  P  Ú  C  T  A  S  L  N  C  V  Í  I  E
Á  Ř  D  T  Y  H  M  F  C  B  H  C  T  N
N  E  Ž  D  O  P  Y  M  R  A  K  Y  O  S
Í  Ž  U  L  I  Č  B  P  T  J  L  O  S  T
G  I  N  U  K  C  I  I  I  Y  I  Y  T  V
N  T  G  J  D  F  S  Š  B  Y  M  O  W  Í
F  Í  L  Y  T  Y  U  E  T  G  A  D  X  N
F  C  E  N  N  Ý  C  C  S  Ě  P  D  K  B
```

KLIMA	MRAKY
SPOLEČENSTVÍ	ZACHOVÁNÍ
ROZMANITOST	CENNÝ
DŽUNGLE	OBNOVENÍ
PŮVODNÍ	ÚTOČIŠTĚ
HMYZ	ÚCTA
SAVCI	PŘEŽITÍ
MECH	DRUH
PŘÍRODA	

84 - Edifici

```
L  A  O  B  S  E  R  V  A  T  O  Ř  S  S
B  A  K  J  Y  J  F  C  K  H  H  J  T  T
F  A  R  M  A  T  D  A  G  O  I  W  A  O
N  B  U  U  H  R  A  D  N  T  P  J  N  D
N  P  A  Z  O  L  Z  X  U  E  V  S  E  O
R  D  Y  E  S  A  L  F  F  L  I  G  M  L
X  P  C  U  T  B  D  I  V  A  D  L  O  A
T  B  B  M  E  O  G  T  O  P  L  K  C  U
K  I  N  O  L  R  V  W  M  L  C  A  N  E
V  M  D  A  T  A  F  Á  I  N  Y  B  I  M
T  V  L  W  E  T  J  L  R  H  S  I  C  G
V  V  D  S  F  O  V  N  H  N  P  N  E  N
L  I  E  K  P  Ř  Ě  Z  H  R  A  A  J  G
Š  K  O  L  A  R  Ž  S  T  A  D  I  Ó  N
```

BYT
KABINA
HRAD
KINO
TOVÁRNA
FARMA
STODOLA
HOTEL
LABORATOŘ

MUZEUM
NEMOCNICE
OBSERVATOŘ
HOSTEL
ŠKOLA
STADIÓN
DIVADLO
STAN
VĚŽ

85 - Paesi #2

```
W  F  D  H  O  D  Á  N  S  K  O  E  W  L
U  K  R  A  J  I  N  A  Ý  F  Y  H  Z  T
G  X  P  I  R  H  U  V  R  R  Y  H  Ř  R
L  H  X  T  W  L  E  W  I  I  U  S  E  J
H  C  T  I  N  B  M  O  E  T  A  S  C  A
L  J  A  M  A  J  K  A  T  N  D  P  K  P
P  I  A  S  Ú  D  Á  N  I  P  K  M  O  O
A  Á  B  I  R  S  K  O  O  M  M  N  G  N
L  U  K  É  J  O  N  E  P  Á  L  Y  D  S
B  G  C  I  R  R  T  R  I  E  S  M  F  K
Á  A  S  E  S  I  K  M  E  X  I  K  O  O
N  N  C  D  C  T  E  N  I  G  É  R  I  E
I  D  H  I  P  Z  Á  L  A  O  S  V  E  F
E  A  I  I  N  D  O  N  É  S  I  E  S  O
```

ALBÁNIE	LIBÉRIE
DÁNSKO	MEXIKO
ETIOPIE	NEPÁL
JAMAJKA	NIGÉRIE
JAPONSKO	PÁKISTÁN
ŘECKO	RUSKO
HAITI	SÝRIE
INDONÉSIE	SÚDÁN
IRSKO	UKRAJINA
LAOS	UGANDA

86 - Tipi di Capelli

```
X  B  A  R  E  V  N  Ý  T  E  N  K  Ý  J
T  U  L  X  Č  E  R  N  Á  A  B  P  U  W
L  S  V  O  H  Z  H  P  H  B  Í  L  Ý  Y
U  O  U  Z  N  R  P  L  E  T  E  N  É  K
S  H  E  H  Ě  D  L  S  U  C  H  Ý  C  W
T  R  T  L  D  G  E  M  T  K  A  D  E  Ř
Ý  U  Z  A  Ý  H  Š  U  C  Ř  X  Y  H  Y
Š  K  U  D  R  N  A  T  Ý  R  Í  D  Z  R
E  R  S  K  U  D  T  N  V  T  H  B  D  S
D  Á  K  Ý  U  I  Ý  F  L  U  H  T  R  M
Á  T  D  L  O  U  H  Ý  N  B  E  X  A  O
B  K  M  Ě  K  K  Ý  L  I  R  L  V  V  U
L  Ý  F  I  O  K  F  U  T  O  W  A  Ý  B
F  L  I  F  D  H  U  S  Ý  H  U  F  T  R
```

STŘÍBRO	DLOUHÝ
SUCHÝ	HNĚDÝ
BÍLÝ	MĚKKÝ
BLOND	ČERNÁ
KRÁTKÝ	VLNITÝ
PLEŠATÝ	KUDRNATÝ
BAREVNÝ	KADEŘ
ŠEDÁ	ZDRAVÝ
PLETENÉ	TENKÝ
HLADKÝ	TLUSTÝ

87 - Vestiti

```
S  L  V  W  C  Z  J  W  C  T  T  X  R  F
V  U  O  U  U  B  S  C  N  J  K  J  U  K
E  F  K  L  O  B  O  U  K  Z  K  S  K  O
T  G  A  N  Á  R  A  M  E  K  V  T  A  Š
R  D  B  O  Ě  K  N  J  I  H  C  N  V  I
G  N  Á  H  R  D  E  L  N  Í  K  K  I  L
H  L  T  M  Ó  D  A  B  O  T  A  S  C  E
B  A  P  Á  S  S  H  U  E  A  N  A  E  Z
M  C  L  R  I  L  D  N  P  O  D  N  Š  Á
Š  Á  T  E  K  Z  M  D  Y  M  L  D  A  S
M  W  J  R  N  N  D  A  Ž  F  L  Á  T  T
L  H  T  K  K  K  Z  P  A  Í  P  L  Y  Ě
S  O  E  L  A  K  A  Y  M  H  N  Y  Z  R
B  K  A  L  H  O  T  Y  O  G  P  Y  A  A
```

ŠATY	ZÁSTĚRA
NÁRAMEK	RUKAVICE
HALENKA	DŽÍNY
KOŠILE	SVETR
KLOBOUK	MÓDA
KABÁT	KALHOTY
PÁS	PYŽAMO
NÁHRDELNÍK	SANDÁLY
BUNDA	BOTA
SUKNĚ	ŠÁTEK

88 - Attività e Tempo Libero

```
W B N K I O B L M E V U S P
X A A M W F P G J B O X U O
V S K R A I B I O K L F R T
O E U J E L Y S P A E M F Á
R B P K F L O B E N J G O P
R A O T O I A V J K B M V Ě
Y L V U T N Z X Á R A U Á N
B L Á R B G Í P A N L M N Í
O H N I A P Y Č X Č Í Ě Í E
L K Í S L Y X O K H N N N K
O W T T T E N I S Y Z Í P U
V I E I B A S K E T B A L E
W N O K K E M P O V Á N Í U
L P L A V Á N Í G O L F S D
```

UMĚNÍ	POTÁPĚNÍ
BASEBALL	PLAVÁNÍ
BASKETBAL	VOLEJBAL
BOX	RYBOLOV
FOTBAL	MALOVÁNÍ
KEMPOVÁNÍ	RELAXAČNÍ
TURISTIKA	NAKUPOVÁNÍ
GOLF	SURFOVÁNÍ
KONÍČKY	TENIS

89 - Tecnologia

```
A  S  T  P  D  V  Ý  Z  K  U  M  E  E  K
A  T  S  R  V  I  R  T  U  Á  L  N  Í  U
Y  A  F  O  T  O  A  P  A  R  Á  T  S  R
H  T  X  H  U  B  K  U  R  C  D  D  O  Z
H  I  V  L  Y  B  L  Z  D  J  I  A  F  O
O  S  H  Í  E  N  O  O  A  N  G  R  T  R
B  T  X  Ž  T  W  B  R  G  N  I  D  W  A
R  I  S  E  J  D  U  B  A  J  T  O  A  O
A  K  B  Č  Z  P  R  Á  V  A  Á  J  R  R
Z  A  P  Í  S  M  O  P  Z  Z  L  T  E  F
O  I  N  T  E  R  N  E  T  Z  N  R  N  T
V  I  R  U  S  W  E  P  O  Č  Í  T  A  Č
K  B  E  Z  P  E  Č  N  O  S  T  N  Í  J
A  K  P  J  Z  D  G  U  K  L  Z  P  H  A
```

BLOG
PROHLÍŽEČ
BAJT
POČÍTAČ
KURZOR
DATA
DIGITÁLNÍ
SOUBOR
PÍSMO
INTERNET

ZPRÁVA
VÝZKUM
OBRAZOVKA
BEZPEČNOSTNÍ
SOFTWARE
STATISTIKA
FOTOAPARÁT
VIRTUÁLNÍ
VIRUS

90 - Arte

```
P  J  E  D  N  O  D  U  C  H  Ý  J  A  S
Ř  S  U  R  R  E  A  L  I  S  M  U  S  V
E  D  O  T  J  D  V  Y  T  V  O  Ř  I  T
D  H  S  S  U  P  Ř  Í  M  N  Ý  K  Y  U
M  A  L  B  Y  K  P  K  E  F  M  R  T  Z
Ě  V  O  S  N  E  O  O  S  O  C  H  A  I
T  I  Ž  R  Á  R  S  M  Y  S  C  C  G  Z
X  Z  E  L  L  A  T  P  M  O  D  V  X  N
O  U  N  E  A  M  A  L  B  B  C  Z  W  F
N  Á  Í  J  D  I  V  E  O  N  T  Y  O  B
X  L  S  U  A  C  A  X  L  Í  E  P  V  E
M  N  S  Y  R  K  V  Y  L  Í  Č  I  T  S
R  Í  L  F  P  Ý  J  P  Ů  V  O  D  N  Í
G  O  B  J  M  P  O  E  Z  I  E  I  G  K
```

KERAMICKÝ   POEZIE
KOMPLEX   VYLÍČIT
SLOŽENÍ   SOCHA
VYTVOŘIT   JEDNODUCHÝ
MALBY   SYMBOL
VÝRAZ   PŘEDMĚT
POSTAVA   SURREALISMUS
UPŘÍMNÝ   NÁLADA
PŮVODNÍ   VIZUÁLNÍ
OSOBNÍ

91 - Meteo

```
A Z J F K N S S T U Y X K N
M T B O U Ř E U R K L I M A
R O M P K C L C O N E Y L W
A R O O Z X W H P D D U H A
K N N L S R O O I V Z J A E
T Á Z Á B F O M C Y Á S J N
E D U R Z L É L K H T N G K
P O N N E B E R Ý U L T E O
L R V Í T R H S A R P H J K
O V Y I T P K U K I S R W R
T Y M M S V M C I K I O L W
A S M A O K N H L Á L M L Y
B C K T C C E Ý T N E W L A
J X I E G R G E W V X Z G C
```

DUHA	MRAK
SUCHÝ	POLÁRNÍ
ATMOSFÉRA	SUCHO
VÁNEK	TEPLOTA
NEBE	BOUŘE
KLIMA	TORNÁDO
BLESK	TROPICKÝ
LED	HROM
MONZUN	HURIKÁN
MLHA	VÍTR

92 - Corpo Umano

```
S  R  D  C  E  K  M  A  A  V  N  V  R  B
K  O  T  N  Í  K  O  L  C  I  L  O  U  R
F  K  H  O  T  Ž  Z  L  O  K  E  T  K  A
U  O  Ú  S  T  A  E  P  E  W  X  D  A  D
W  C  F  I  E  L  K  R  K  N  K  L  Y  A
Z  G  H  N  W  U  Ů  S  P  O  O  C  V  H
Y  U  L  O  B  D  Ž  T  U  H  K  D  A  X
Y  L  A  D  U  E  E  G  T  A  K  R  E  V
D  H  V  J  W  K  G  J  R  E  E  A  N  C
R  S  A  C  U  L  E  Y  P  H  O  M  G  L
V  F  W  W  W  C  Z  O  D  Z  B  E  T  Z
I  O  H  N  M  N  Y  M  M  B  M  N  L  I
K  M  I  L  E  D  T  V  Á  Ř  F  O  V  B
T  G  G  R  H  L  A  J  Z  J  R  K  N  F
```

ÚSTA	RUKA
KOTNÍK	BRADA
MOZEK	NOS
KRK	OKO
SRDCE	UCHO
PRST	KŮŽE
TVÁŘ	KREV
NOHA	RAMENO
KOLENO	ŽALUDEK
LOKET	HLAVA

93 - Mammiferi

```
D  H  S  R  O  P  S  C  C  A  B  J  Z  M
E  P  T  B  P  K  L  O  K  A  N  K  E  E
R  J  T  J  I  O  O  T  F  Y  W  G  B  P
X  E  C  D  C  J  N  L  R  B  A  D  R  O
D  P  J  N  E  O  X  J  E  L  E  N  A  B
C  E  I  S  K  T  B  N  O  V  C  E  Ž  G
E  S  L  N  J  N  S  H  D  E  L  O  I  B
K  Ů  Ň  F  L  I  Š  K  A  L  D  K  R  F
S  R  E  Y  Í  U  T  G  O  R  I  L  A  K
K  O  Č  K  A  N  J  B  P  Y  N  M  F  M
G  L  E  C  H  H  G  W  Y  B  Ý  K  A  A
M  E  D  V  Ě  D  K  Y  R  A  I  M  U  G
K  R  Á  L  Í  K  H  I  Y  F  F  C  N  X
N  O  W  U  U  Y  G  T  C  C  W  S  V  Z
```

VELRYBA	ŽIRAFA
PES	GORILA
KLOKAN	LEV
KŮŇ	VLK
JELEN	MEDVĚD
KRÁLÍK	OVCE
KOJOT	OPICE
DELFÍN	BÝK
SLON	LIŠKA
KOČKA	ZEBRA

94 - Arrampicata

```
M A T B C J T P I Z K O T Z
A T M O S F É R A U G D O V
T F F T X P Ů G G V B R Ě
J U Y Y X W R V T K H O Z D
E G R Z I P A O E B N R P A
S S Z I I S Z D R A G N P V
K W S R S C N C É M M Í V O
Y B Í F A T K E N Ú Z K Ý S
N O L G V N I Ý M A P A Z T
Ě Z A I H E Ě K K Y O K V Z
Š K O L E N Í N A L I R Y M
H E L M A C U T Í V L K S S
B S T A B I L I T A T W C V
R U K A V I C E K Z D U V O
```

ATMOSFÉRA
HELMA
ZVĚDAVOST
TURISTIKA
ODBORNÍK
FYZICKÝ
ŠKOLENÍ
SÍLA
JESKYNĚ

RUKAVICE
PRŮVODCE
ZRANĚNÍ
MAPA
VÝZVY
STABILITA
BOTY
ÚZKÝ
TERÉN

95 - Animali Domestici

```
K  R  Á  L  Í  K  E  R  T  L  Š  F  B  K
O  K  O  Z  A  V  O  D  A  Í  T  W  U  Ř
T  R  O  C  U  R  I  P  A  M  Ě  L  P  E
Ě  Á  M  A  A  K  C  W  O  E  N  G  H  Č
P  V  N  V  K  S  D  S  S  C  Ě  Y  I  E
A  A  T  N  A  K  P  F  J  V  W  R  M  K
P  J  Í  D  L  O  Ž  E  L  V  A  K  C  B
O  T  R  G  J  Č  J  E  Š  T  Ě  R  K  A
U  L  Y  N  Z  K  B  Y  T  I  E  S  Z  P
Š  A  B  O  D  A  Ř  E  M  Í  N  E  K  E
E  P  A  Z  D  C  E  P  G  V  M  K  X  S
K  K  W  V  N  S  J  K  T  Z  M  O  A  C
O  Y  M  Y  Š  Z  A  G  F  S  W  F  F  O
X  V  I  S  S  V  E  T  E  R  I  N  Á  Ř
```

VODA
PES
KOZA
JÍDLO
OCAS
LÍMEC
KRÁLÍK
KŘEČEK
ŠTĚNĚ
KOTĚ

KOČKA
ŘEMÍNEK
JEŠTĚRKA
KRÁVA
PAPOUŠEK
RYBA
ŽELVA
MYŠ
VETERINÁŘ
TLAPKY

96 - Cucina

```
K  H  J  Í  D  L  O  U  T  M  V  K  V  H
H  O  A  M  Ž  L  R  G  H  Í  H  O  I  K
H  U  Ř  J  B  A  E  J  Í  S  T  N  D  C
S  B  M  E  Á  L  C  D  S  A  D  V  L  L
W  A  K  A  N  Ž  E  L  N  D  C  I  I  M
F  Y  W  B  V  Í  P  K  L  I  A  C  Č  T
V  V  K  I  A  C  T  T  K  Y  Č  E  K  Y
R  A  P  X  G  E  K  G  T  V  N  K  Y  Č
M  R  A  Z  Á  K  D  V  R  D  Z  K  A  I
N  A  B  Ě  R  A  Č  K  A  I  Z  X  I  N
U  B  R  O  U  S  E  K  D  N  L  M  H  K
T  R  O  U  B  A  N  O  Ž  E  A  G  B  Y
Z  Á  S  T  Ě  R  A  O  A  N  M  V  O  Z
R  F  L  B  S  R  S  K  L  E  N  I  C  E
```

TYČINKY	LEDNIČKA
KONVICE	ZÁSTĚRA
DŽBÁN	GRIL
JÍDLO	JÍST
MÍSA	NABĚRAČKA
NOŽE	RECEPT
MRAZÁK	KOŘENÍ
LŽÍCE	HOUBA
VIDLIČKY	UBROUSEK
TROUBA	SKLENICE

97 - Vacanze #2

```
C I Z I N E C U B D C K E H
U E B L I N J E F E A E N W
I C S H A T S F S S L M O U
S V F T F Y O S E T V P S I
T D O V O L E N Á I A O T E
D A J F T V S T O N R V R E
O X X P K S N M X A A Á O I
P L M I Y H I Í V C Y N V M
R E A R I O M A P E G Í T O
A T P U D T S V L A K G K Ř
V I A I H E V H Á U S U C E
A Š K H S L O Y Ž V Í Z U M
G T S T A N V O L N Ý Č A S
L Ě Y K R E S T A U R A C E
```

LETIŠTĚ
KEMPOVÁNÍ
DESTINACE
FOTKY
HOTEL
OSTROV
MAPA
MOŘE
CESTOVNÍ PAS
RESTAURACE

PLÁŽ
CIZINEC
TAXI
VOLNÝ ČAS
STAN
DOPRAVA
VLAK
DOVOLENÁ
CESTA
VÍZUM

98 - Attività

```
M  S  I  B  Y  S  P  Z  A  M  O  D  R  O
L  C  T  W  P  Z  O  N  K  F  H  O  E  C
V  O  G  N  N  T  T  H  T  X  R  V  L  U
U  P  V  S  U  D  Ě  Á  I  V  Y  E  A  W
I  Z  Á  J  M  Y  Š  D  V  T  R  D  X  K
A  G  O  D  Ě  I  E  A  I  U  M  N  A  E
P  C  U  O  N  G  N  N  T  R  A  O  C  M
Š  I  T  Í  Í  Y  Í  K  A  I  G  S  E  P
S  N  T  G  J  N  D  Y  Č  S  I  T  Z  O
E  K  E  R  A  M  I  K  A  T  E  O  D  V
V  O  L  N  Ý  Č  A  S  F  I  E  O  V  Á
R  Y  B  O  L  O  V  J  J  K  V  N  M  N
C  I  O  Ř  E  M  E  S  L  A  R  Z  Í  Í
X  F  O  T  O  G  R  A  F  O  V  Á  N  Í
```

DOVEDNOST	HRY
UMĚNÍ	ZÁJMY
ŘEMESLA	ČTENÍ
AKTIVITA	MAGIE
LOV	RYBOLOV
KEMPOVÁNÍ	POTĚŠENÍ
KERAMIKA	HÁDANKY
ŠITÍ	RELAXACE
TURISTIKA	VOLNÝ ČAS
FOTOGRAFOVÁNÍ	

99 - Forniture Artistiche

```
P I T W V Y F J G D T B A T
A A N Á P A D Y C U V A K V
P K S K G R W C L W F R V O
Í R S T O J A N Y D H V A Ř
R Y A T E U T U Ž K Y Y R I
O L E J Í L S S B I X M E V
J G T C D B Y T J E D Z L O
L E P I D L O Ů K H Y L Y S
P A M U P A Z L K R R M E T
O L D Ř E V Ě N É U H L Í U
T K S W G K A R T Á Č E T X
X Y K G U A A K C A V P S J
N Y Y S M G Z K X G G N Y D
A V O D A X C U D D W Z B D
```

VODA
AKVARELY
AKRYL
JÍL
DŘEVĚNÉ UHLÍ
PAPÍR
STOJAN
LEPIDLO
BARVY
TVOŘIVOST

GUMA
NÁPADY
INKOUST
TUŽKY
OLEJ
PASTELY
ŽIDLE
KARTÁČE
STŮL

100 - Misurazioni

```
B S D U K D A C D L P M W V
M A I X S É R R E J I E T Y
H U J T D L X M S E J T E W
D T W T Z K I E J B Ó R S
G R A M E A I N T Z X N T O
S I U E I F L U I U N C E B
I T J T H M O T N O S T P J
K K U R I N M A N S V V A E
G D K P H H E A Ý T J Ý L M
Z K P I E M T K P S Š Š E I
G W V N I Ň R P W S Í K C G
C E N T I M E T R H Ř A V Y
I I U A K H L O U B K A Y M
X T W D K I L O G R A M X J
```

VÝŠKA   DÉLKA
BAJT   METR
CENTIMETR   MINUTA
KILOGRAM   UNCE
KILOMETR   HMOTNOST
DESETINNÝ   PINTA
STUPEŇ   PALEC
GRAM   HLOUBKA
ŠÍŘKA   TÓN
LITR   OBJEM

1 - Scacchi

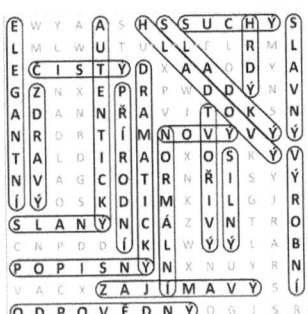

2 - Aggettivi #2

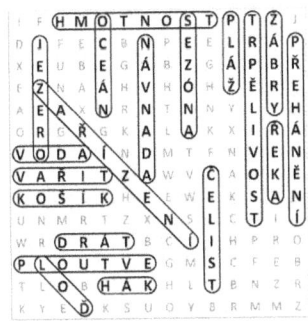

3 - Pesca

4 - Aggettivi #1

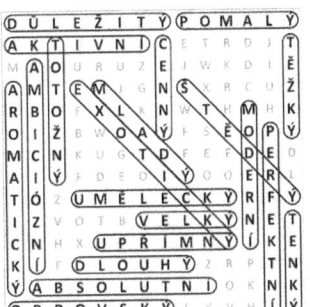

5 - Geologia

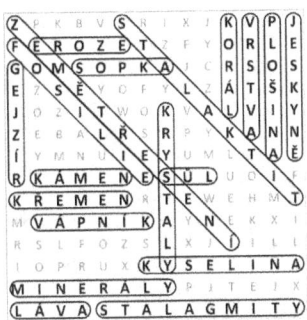

6 - Campeggio

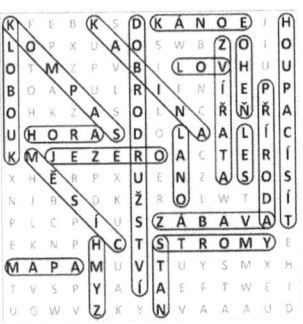

7 - Arti Visive

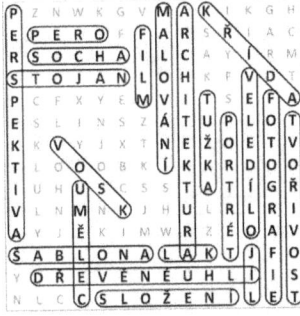

8 - Esplorazione

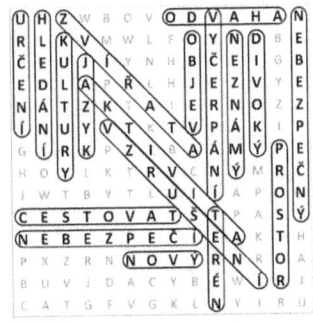

9 - Tempo

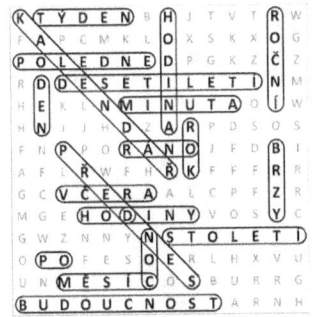

10 - Astronomia

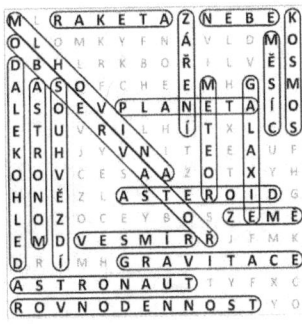

11 - Circo

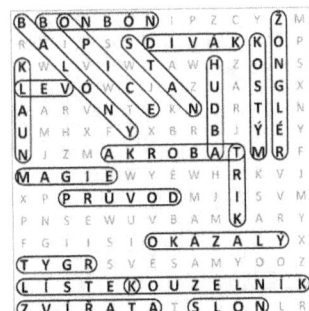

12 - Mitologia

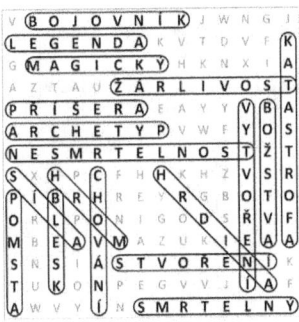

13 - Piante

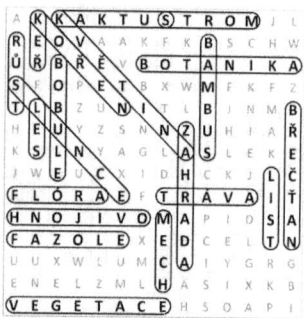

14 - Spezie

15 - Numeri

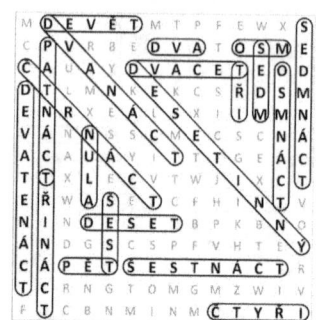

16 - Cioccolato

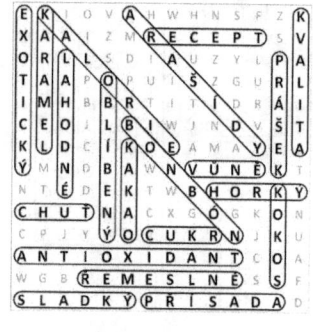

17 - Guida

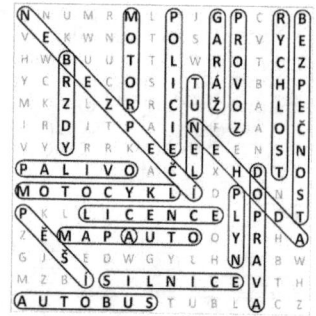

18 - Sport

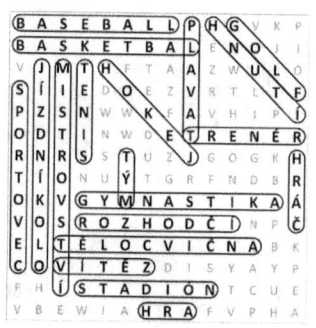

19 - Giocattoli

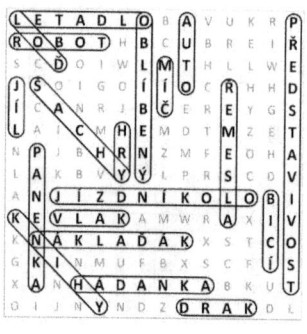

20 - Strumenti di Cottura

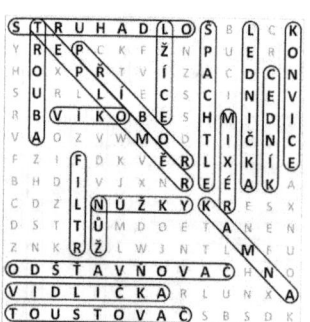

21 - Uccelli

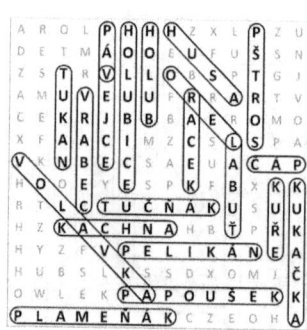

22 - Giorni e Mesi

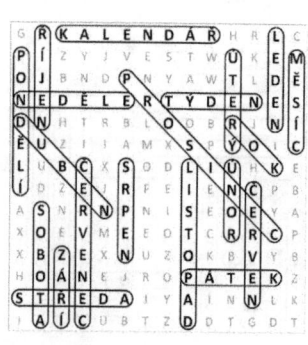

23 - Casa

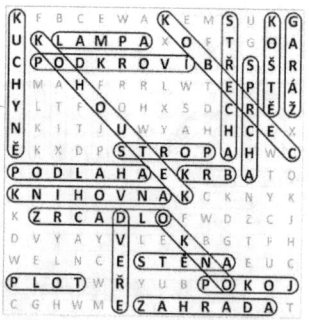

24 - Ristorante #1

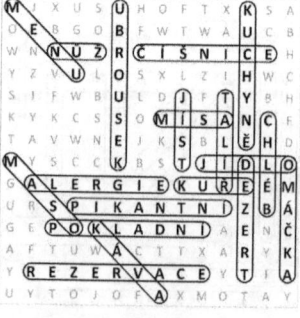

25 - Fantascienza

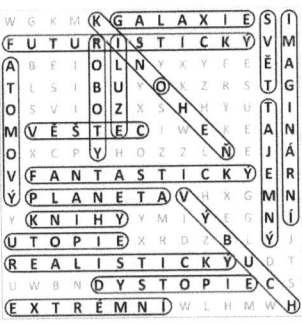

26 - Città

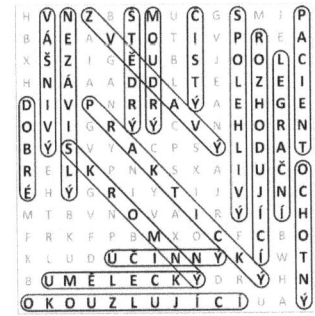

27 - Virtù #1

28 - Compleanno

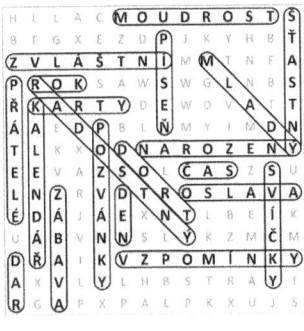

29 - Fattoria #1

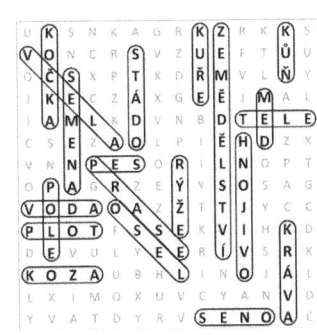

30 - Paesaggi

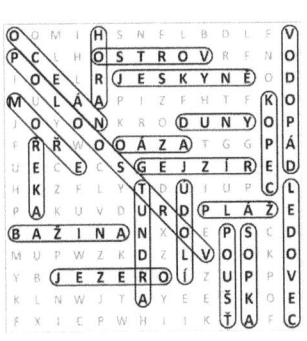

31 - Ristorante #2

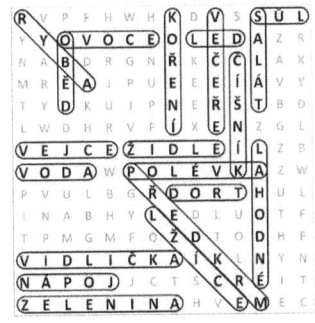

32 - Giardino

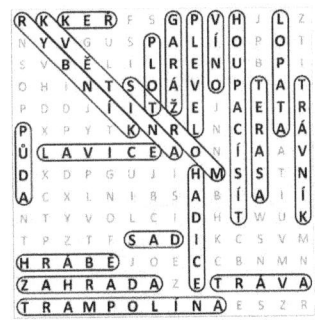

33 - Frutta

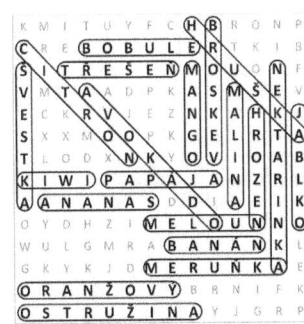

34 - Fattoria #2

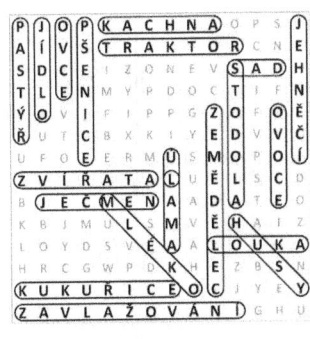

35 - Dinosauri

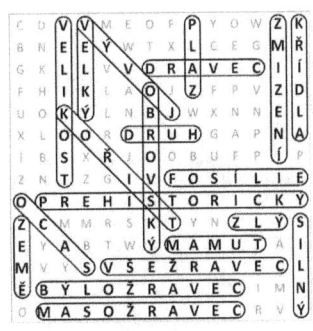

36 - Verdure

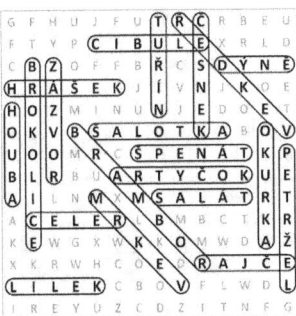

37 - Scuola #2

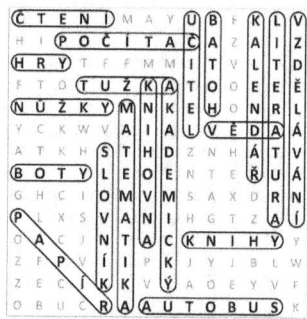

38 - Gentilezza

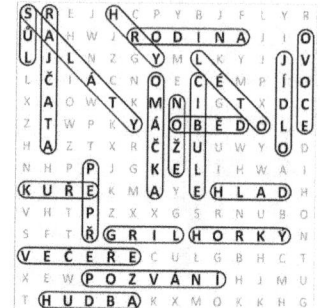

39 - Barbecue

40 - Riempire

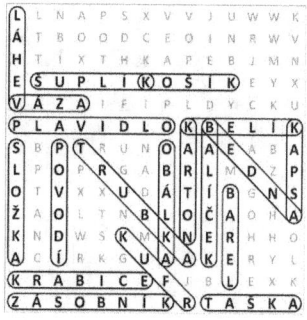

41 - Insetti

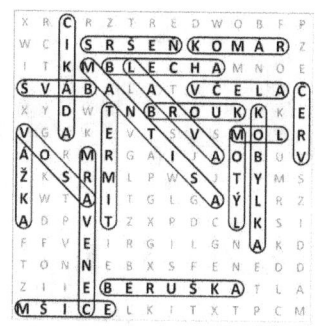

42 - Erboristeria

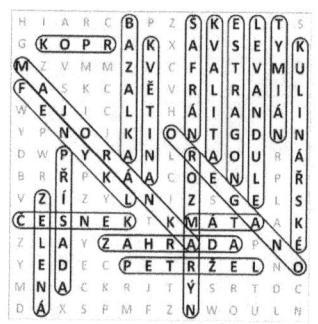

43 - Danza

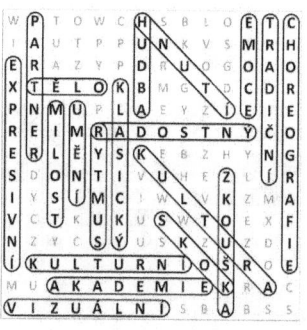

44 - Commedia

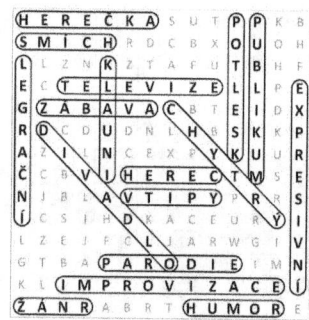

45 - Scuola #1

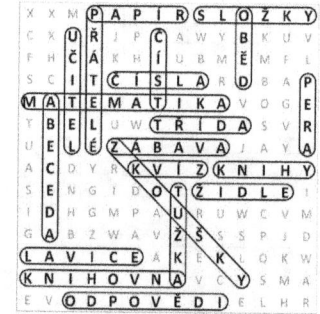

46 - Fiori

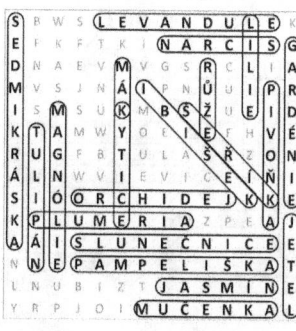

47 - Ecologia

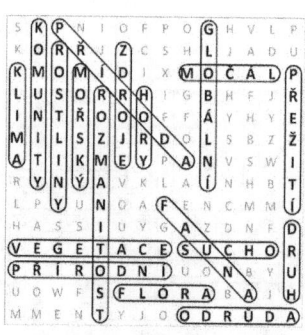

48 - Discipline Scientifiche

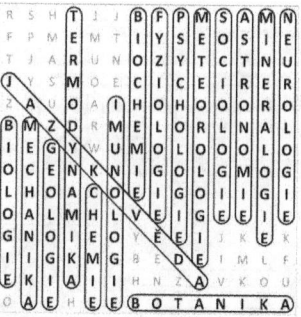

49 - Scienza

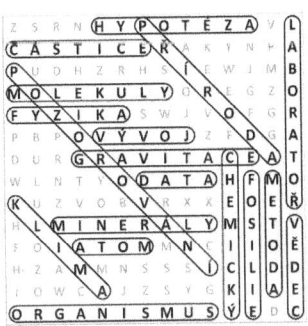

50 - Acqua

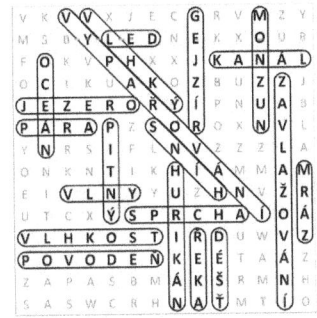

51 - Gatti

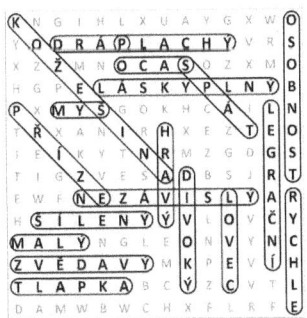

52 - Surf

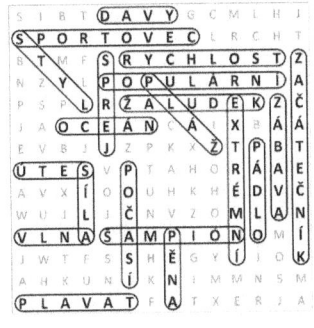

53 - Imbarcazioni

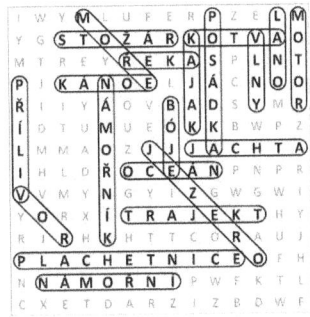

54 - Api

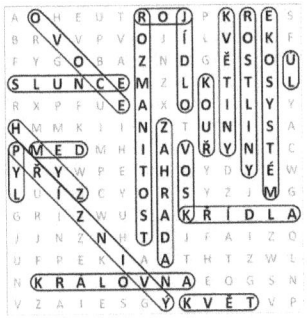

55 - Strumenti Musicali

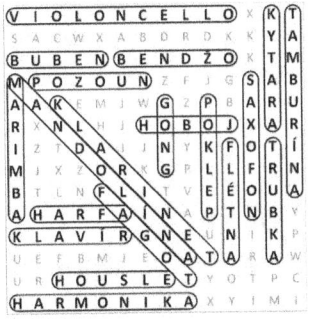

56 - Professioni #2

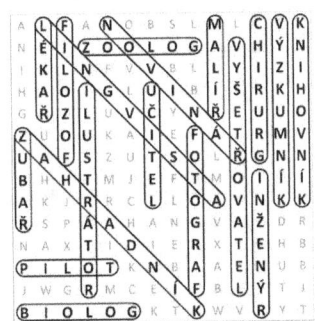

57 - Letteratura

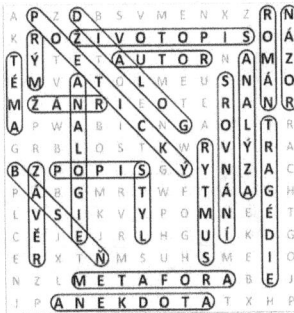

58 - Cibo #2

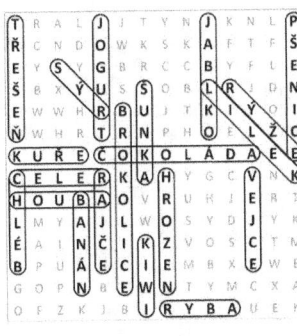

59 - Nutrizione

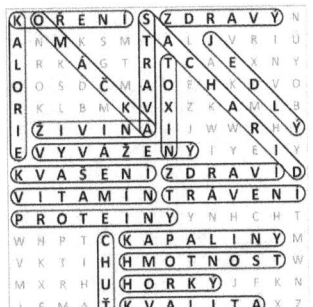

60 - Matematica

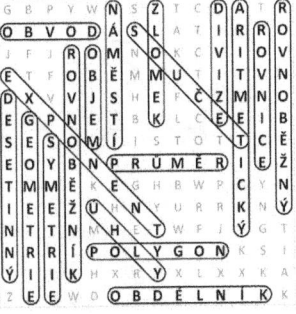

61 - Meditazione

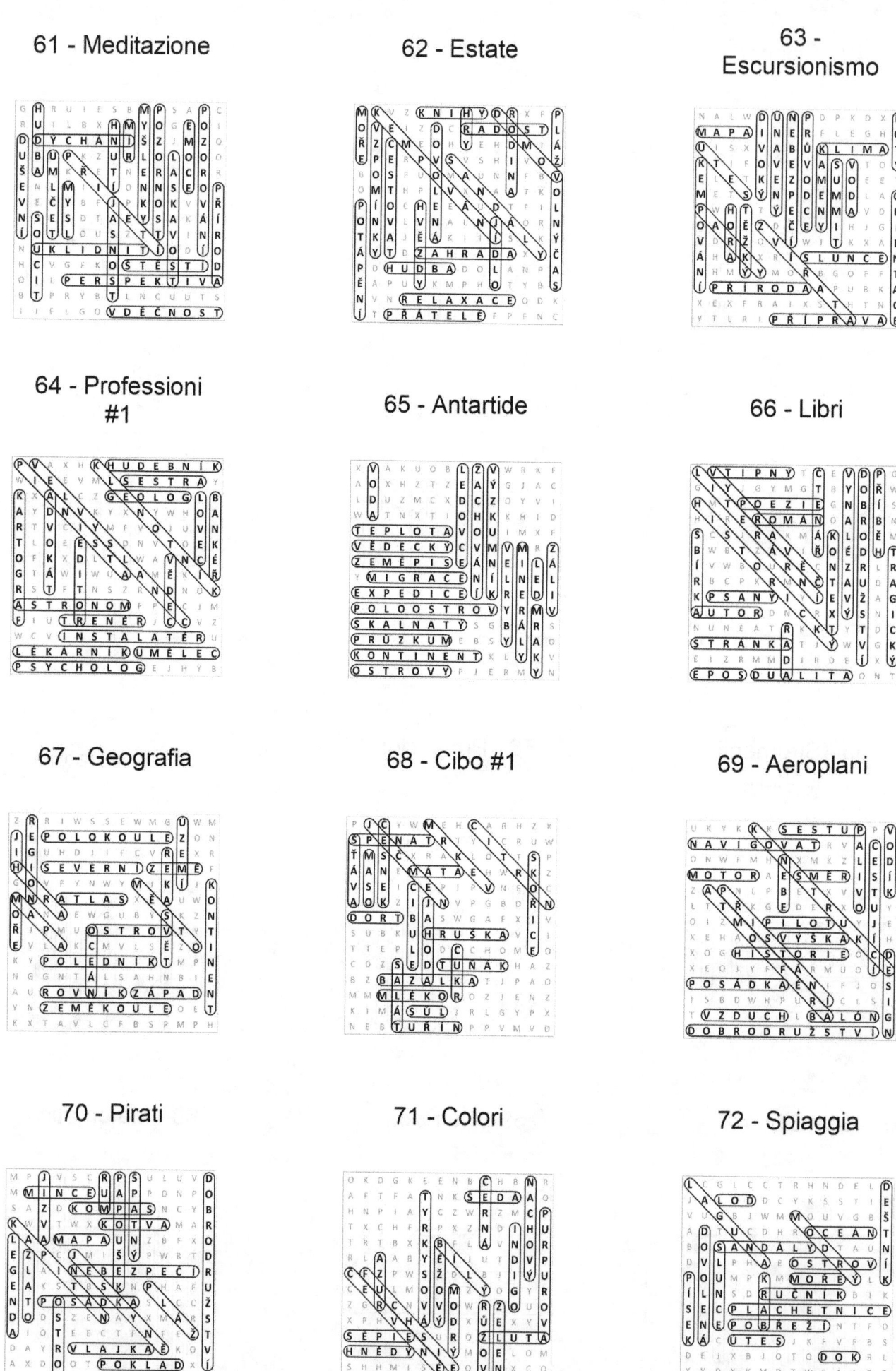

62 - Estate

63 - Escursionismo

64 - Professioni #1

65 - Antartide

66 - Libri

67 - Geografia

68 - Cibo #1

69 - Aeroplani

70 - Pirati

71 - Colori

72 - Spiaggia

73 - Avventura

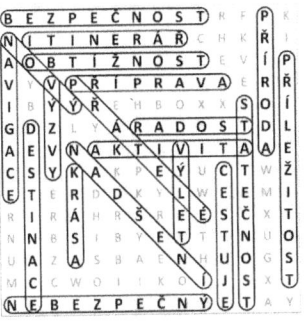

74 - Forme

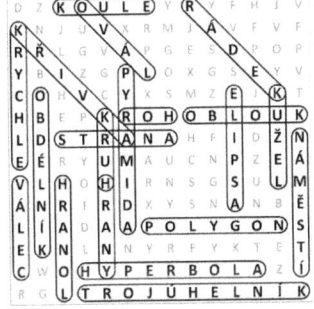

75 - Oceano

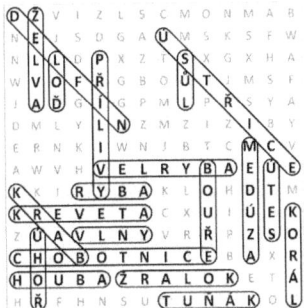

76 - Famiglia

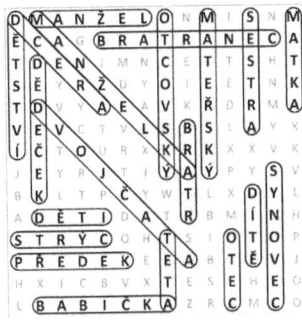

77 - Veicoli

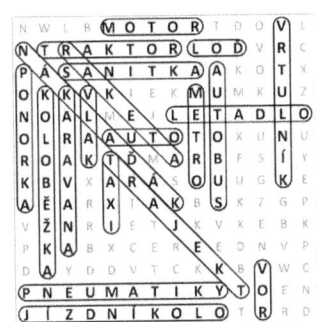

78 - Emozioni

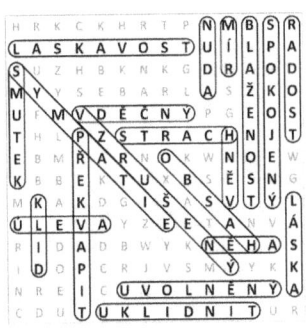

79 - Natura

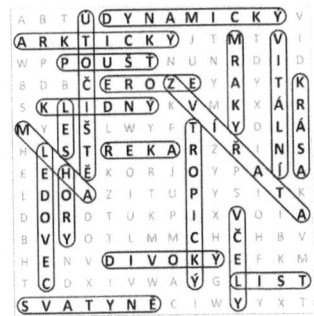

80 - Balletto

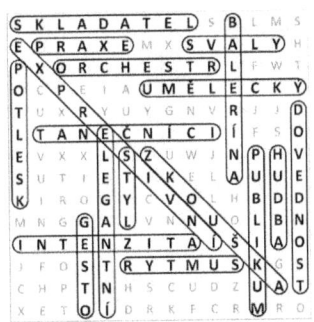

81 - Castelli

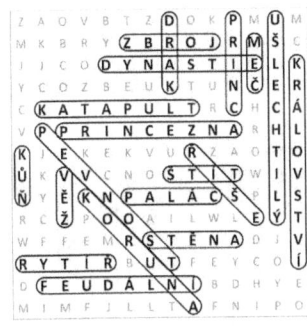

82 - Campionato

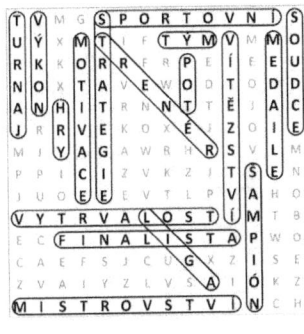

83 - Foresta Pluviale

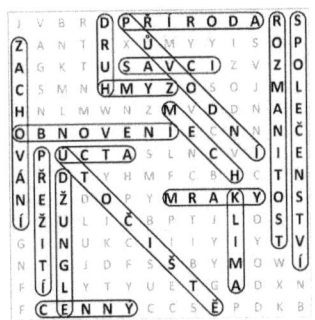

84 - Edifici

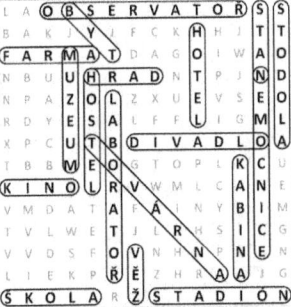

85 - Paesi #2

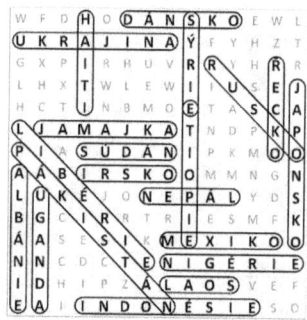

86 - Tipi di Capelli

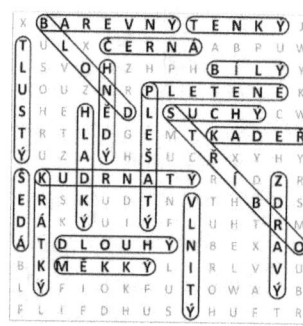

87 - Vestiti

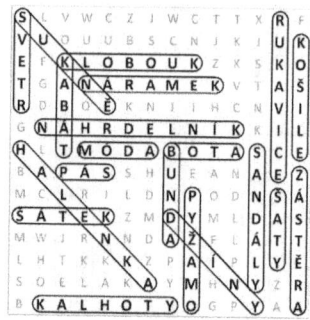

88 - Attività e Tempo Libero

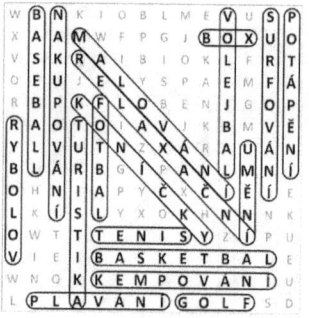

89 - Tecnologia

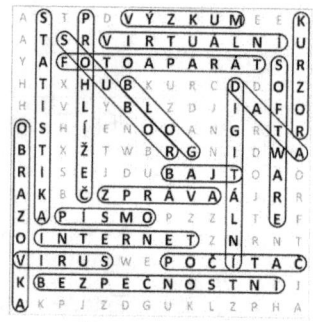

90 - Arte

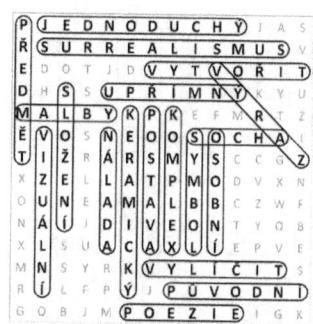

91 - Meteo

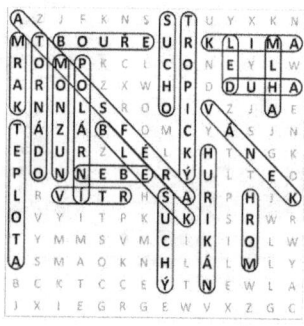

92 - Corpo Umano

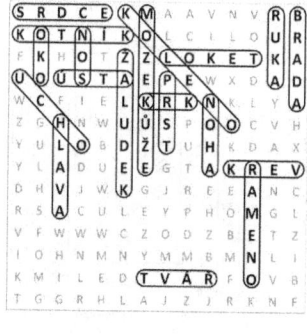

93 - Mammiferi

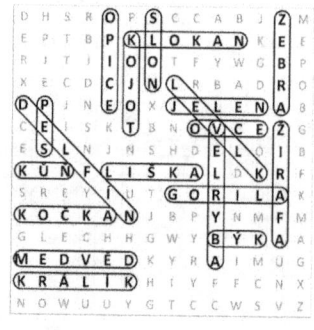

94 - Arrampicata

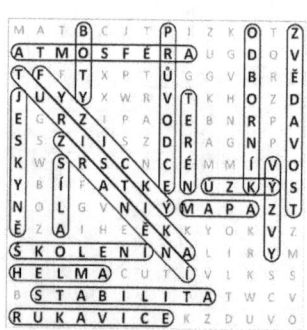

95 - Animali Domestici

96 - Cucina

97 - Vacanze #2

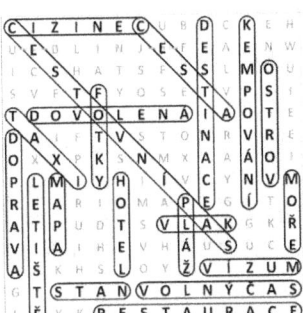

98 - Attività

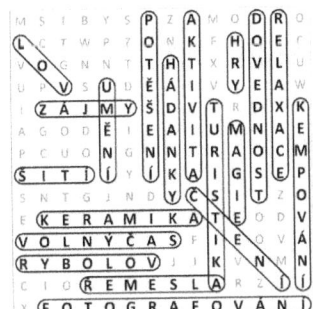

99 - Forniture Artistiche

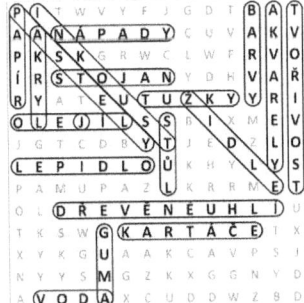

100 - Misurazioni

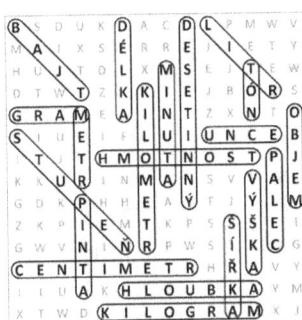

Dizionario

Acqua
Vodní

Alluvione	Povodeň
Canale	Kanál
Doccia	Sprcha
Evaporazione	Vypařování
Fiume	Řeka
Gelo	Mráz
Geyser	Gejzír
Ghiaccio	Led
Irrigazione	Zavlažování
Lago	Jezero
Monsone	Monzun
Neve	Sníh
Oceano	Oceán
Onde	Vlny
Pioggia	Déšť
Potabile	Pitný
Umidità	Vlhkost
Umido	Vlhký
Uragano	Hurikán
Vapore	Pára

Aeroplani
Letadla

Altezza	Výška
Aria	Vzduch
Atmosfera	Atmosféra
Atterraggio	Přistání
Avventura	Dobrodružství
Carburante	Palivo
Cielo	Nebe
Costruzione	Konstrukce
Design	Design
Direzione	Směr
Discesa	Sestup
Equipaggio	Posádka
Idrogeno	Vodík
Motore	Motor
Navigare	Navigovat
Palloncino	Balón
Passeggero	Cestující
Pilota	Pilot
Storia	Historie
Turbolenza	Turbulence

Aggettivi #1
Přídavná Jména #1

Ambizioso	Ambiciózní
Aromatico	Aromatický
Artistico	Umělecký
Assoluto	Absolutní
Attivo	Aktivní
Enorme	Obrovský
Esotico	Exotický
Generoso	Štědrý
Giovane	Mladý
Grande	Velký
Identico	Totožný
Importante	Důležitý
Lento	Pomalý
Lungo	Dlouhý
Moderno	Moderní
Onesto	Upřímný
Perfetto	Perfektní
Pesante	Těžký
Prezioso	Cenný
Sottile	Tenký

Aggettivi #2
Přídavná Jména #2

Affamato	Hladový
Asciutto	Suchý
Autentico	Autentický
Creativo	Tvořivý
Descrittivo	Popisný
Dolce	Sladký
Drammatico	Dramatický
Elegante	Elegantní
Famoso	Slavný
Forte	Silný
Interessante	Zajímavý
Naturale	Přírodní
Normale	Normální
Nuovo	Nový
Orgoglioso	Hrdý
Produttivo	Výrobní
Puro	Čistý
Responsabile	Odpovědný
Salato	Slaný
Sano	Zdravý

Animali Domestici
Domácí Mazlíčci

Acqua	Voda
Cane	Pes
Capra	Koza
Cibo	Jídlo
Coda	Ocas
Collare	Límec
Coniglio	Králík
Criceto	Křeček
Cucciolo	Štěně
Gattino	Kotě
Gatto	Kočka
Guinzaglio	Řemínek
Lucertola	Ještěrka
Mucca	Kráva
Pappagallo	Papoušek
Pesce	Ryba
Tartaruga	Želva
Topo	Myš
Veterinario	Veterinář
Zampe	Tlapky

Antartide
Antarktida

Acqua	Voda
Baia	Záliv
Balene	Velryby
Conservazione	Zachování
Continente	Kontinent
Esplorazione	Průzkum
Geografia	Zeměpis
Ghiacciai	Ledovce
Ghiaccio	Led
Isole	Ostrovy
Migrazione	Migrace
Minerali	Minerály
Nuvole	Mraky
Penisola	Poloostrov
Ricercatore	Výzkumník
Roccioso	Skalnatý
Scientifico	Vědecký
Spedizione	Expedice
Temperatura	Teplota
Topografia	Topografie

Api
Včely

Ali	Křídla
Alveare	Úl
Benefico	Příznivý
Cera	Vosk
Cibo	Jídlo
Diversità	Rozmanitost
Ecosistema	Ekosystém
Fiori	Květiny
Fiorire	Květ
Frutta	Ovoce
Fumo	Kouř
Giardino	Zahrada
Insetto	Hmyz
Miele	Med
Piante	Rostliny
Polline	Pyl
Regina	Královna
Sciame	Roj
Sole	Slunce

Arrampicata
Horolezectví

Atmosfera	Atmosféra
Casco	Helma
Curiosità	Zvědavost
Escursioni	Turistika
Esperto	Odborník
Fisico	Fyzický
Formazione	Školení
Forza	Síla
Grotta	Jeskyně
Guanti	Rukavice
Guide	Průvodce
Lesione	Zranění
Mappa	Mapa
Sfide	Výzvy
Stabilità	Stabilita
Stivali	Boty
Stretto	Úzký
Terreno	Terén

Arte
Umění

Ceramica	Keramický
Complesso	Komplex
Composizione	Složení
Creare	Vytvořit
Dipinti	Malby
Espressione	Výraz
Figura	Postava
Ispirato	Inspirovaný
Onesto	Upřímný
Originale	Původní
Personale	Osobní
Poesia	Poezie
Ritrarre	Vylíčit
Scultura	Socha
Semplice	Jednoduchý
Simbolo	Symbol
Soggetto	Předmět
Surrealismo	Surrealismus
Umore	Nálada
Visivo	Vizuální

Arti Visive
Výtvarné Umění

Architettura	Architektura
Argilla	Jíl
Artista	Umělec
Capolavoro	Veledílo
Carbone	Dřevěné Uhlí
Cavalletto	Stojan
Cera	Vosk
Composizione	Složení
Creatività	Tvořivost
Film	Film
Fotografia	Fotografie
Gesso	Křída
Matita	Tužka
Penna	Pero
Pittura	Malování
Prospettiva	Perspektiva
Ritratto	Portrét
Scultura	Socha
Stampino	Šablona
Vernice	Lak

Astronomia
Astronomie

Asteroide	Asteroid
Astronauta	Astronaut
Astronomo	Astronom
Cielo	Nebe
Cosmo	Kosmos
Costellazione	Souhvězdí
Equinozio	Rovnodennost
Galassia	Galaxie
Gravità	Gravitace
Luna	Měsíc
Meteora	Meteor
Nebulosa	Mlhovina
Osservatorio	Observatoř
Pianeta	Planeta
Radiazione	Záření
Razzo	Raketa
Supernova	Supernova
Telescopio	Dalekohled
Terra	Země
Universo	Vesmír

Attività
Aktivity

Abilità	Dovednost
Arte	Umění
Artigianato	Řemesla
Attività	Aktivita
Caccia	Lov
Campeggio	Kempování
Ceramica	Keramika
Cucire	Šití
Escursioni	Turistika
Fotografia	Fotografování
Giardinaggio	Zahradničení
Giochi	Hry
Interessi	Zájmy
Lettura	Čtení
Magia	Magie
Pesca	Rybolov
Piacere	Potěšení
Puzzle	Hádanky
Rilassamento	Relaxace
Tempo Libero	Volný Čas

Attività e Tempo Libero
Aktivity a Volný Čas

Arte	Umění
Baseball	Baseball
Basket	Basketbal
Boxe	Box
Calcio	Fotbal
Campeggio	Kempování
Escursioni	Turistika
Giardinaggio	Zahradničení
Golf	Golf
Hobby	Koníčky
Immersione	Potápění
Nuoto	Plavání
Pallavolo	Volejbal
Pesca	Rybolov
Pittura	Malování
Rilassante	Relaxační
Shopping	Nakupování
Surf	Surfování
Tennis	Tenis
Viaggio	Cestovat

Avventura
Dobrodružství

Amici	Přátelé
Attività	Aktivita
Bellezza	Krása
Coraggio	Statečnost
Destinazione	Destinace
Difficoltà	Obtížnost
Entusiasmo	Nadšení
Escursione	Výlet
Gioia	Radost
Insolito	Neobvyklý
Itinerario	Itinerář
Natura	Příroda
Navigazione	Navigace
Nuovo	Nový
Opportunità	Příležitost
Pericoloso	Nebezpečný
Preparazione	Příprava
Sfide	Výzvy
Sicurezza	Bezpečnost
Viaggi	Cestuje

Balletto
Baletu

Abilità	Dovednost
Applauso	Potlesk
Artistico	Umělecký
Ballerina	Balerína
Ballerini	Tanečníci
Compositore	Skladatel
Coreografia	Choreografie
Espressivo	Expresivní
Gesto	Gesto
Grazioso	Elegantní
Intensità	Intenzita
Muscoli	Svaly
Musica	Hudba
Orchestra	Orchestr
Pratica	Praxe
Prova	Zkouška
Pubblico	Publikum
Ritmo	Rytmus
Stile	Styl
Tecnica	Technika

Barbecue
Grilování

Caldo	Horký
Cena	Večeře
Cibo	Jídlo
Cipolle	Cibule
Coltelli	Nože
Estate	Léto
Fame	Hlad
Famiglia	Rodina
Frutta	Ovoce
Giochi	Hry
Griglia	Gril
Insalate	Saláty
Invito	Pozvání
Musica	Hudba
Pepe	Pepř
Pollo	Kuře
Pomodori	Rajčata
Pranzo	Oběd
Sale	Sůl
Salsa	Omáčka

Campeggio
Kempování

Alberi	Stromy
Amaca	Houpací Síť
Animali	Zvířata
Avventura	Dobrodružství
Bussola	Kompas
Cabina	Kabina
Caccia	Lov
Canoa	Kánoe
Cappello	Klobouk
Corda	Lano
Divertimento	Zábava
Foresta	Les
Fuoco	Oheň
Insetto	Hmyz
Lago	Jezero
Luna	Měsíc
Mappa	Mapa
Montagna	Hora
Natura	Příroda
Tenda	Stan

Campionato
Mistrovství

Allenatore	Trenér
Campionato	Mistrovství
Campione	Šampión
Finalista	Finalista
Giochi	Hry
Giudice	Soudce
Lega	Liga
Medaglia	Medaile
Motivazione	Motivace
Prestazione	Výkon
Resistenza	Vytrvalost
Sportivo	Sportovní
Squadra	Tým
Strategia	Strategie
Sudore	Pot
Torneo	Turnaj
Vittoria	Vítězství

Casa
Dům

Attico	Podkroví
Biblioteca	Knihovna
Camera	Pokoj
Camino	Krb
Cucina	Kuchyně
Doccia	Sprcha
Finestra	Okno
Garage	Garáž
Giardino	Zahrada
Lampada	Lampa
Parete	Stěna
Pavimento	Podlaha
Porta	Dveře
Recinto	Plot
Rubinetto	Kohoutek
Scopa	Koště
Soffitto	Strop
Specchio	Zrcadlo
Tappeto	Koberec
Tetto	Střecha

Castelli
Hrady a Zámky

Armatura	Zbroj
Catapulta	Katapult
Cavaliere	Rytíř
Cavallo	Kůň
Corona	Koruna
Dinastia	Dynastie
Drago	Drak
Feudale	Feudální
Fortezza	Pevnost
Impero	Říše
Nobile	Ušlechtilý
Palazzo	Palác
Parete	Stěna
Principe	Princ
Principessa	Princezna
Regno	Království
Scudo	Štít
Spada	Meč
Torre	Věž
Unicorno	Jednorožec

Cibo #1
Potraviny #1

Aglio	Česnek
Basilico	Bazalka
Cannella	Skořice
Carne	Maso
Carota	Mrkev
Cipolla	Cibule
Fragola	Jahoda
Insalata	Salát
Latte	Mléko
Limone	Citron
Menta	Máta
Orzo	Ječmen
Pera	Hruška
Rapa	Tuřín
Sale	Sůl
Spinaci	Špenát
Succo	Šťáva
Tonno	Tuňák
Torta	Dort
Zucchero	Cukr

Cibo #2
Potraviny #2

Banana	Banán
Broccolo	Brokolice
Ciliegia	Třešeň
Cioccolato	Čokoláda
Formaggio	Sýr
Fungo	Houba
Grano	Pšenice
Kiwi	Kiwi
Mela	Jablko
Melanzana	Lilek
Pane	Chléb
Pesce	Ryba
Pollo	Kuře
Pomodoro	Rajče
Prosciutto	Šunka
Riso	Rýže
Sedano	Celer
Uovo	Vejce
Uva	Hrozen
Yogurt	Jogurt

Cioccolato
Čokoláda

Amaro	Horký
Antiossidante	Antioxidant
Arachidi	Arašídy
Aroma	Vůně
Artigianale	Řemeslné
Cacao	Kakao
Calorie	Kalorie
Caramella	Bonbón
Caramello	Karamel
Delizioso	Lahodné
Dolce	Sladký
Esotico	Exotický
Gusto	Chuť
Ingrediente	Přísada
Noce di Cocco	Kokos
Polvere	Prášek
Preferito	Oblíbený
Qualità	Kvalita
Ricetta	Recept
Zucchero	Cukr

Circo
Cirkus

Acrobata	Akrobat
Animali	Zvířata
Biglietto	Lístek
Caramella	Bonbón
Clown	Klaun
Costume	Kostým
Elefante	Slon
Giocoliere	Žonglér
Leone	Lev
Magia	Magie
Mago	Kouzelník
Musica	Hudba
Palloncini	Balóny
Parata	Průvod
Scimmia	Opice
Spettacolare	Okázalý
Spettatore	Divák
Tenda	Stan
Tigre	Tygr
Trucco	Trik

Città
Městské

Aeroporto	Letiště
Banca	Banka
Biblioteca	Knihovna
Cinema	Kino
Clinica	Klinika
Farmacia	Lékárna
Fiorista	Květinář
Galleria	Galerie
Hotel	Hotel
Libreria	Knihkupectví
Mercato	Trh
Museo	Muzeum
Negozio	Obchod
Panetteria	Pekárna
Scuola	Škola
Stadio	Stadión
Supermercato	Supermarket
Teatro	Divadlo
Università	Univerzita
Zoo	Zoo

Colori
Barvy

Arancia	Oranžový
Azzurro	Azur
Beige	Béžový
Bianco	Bílý
Blu	Modrý
Ciano	Tyrkysová
Fucsia	Fuchsie
Giallo	Žlutá
Grigio	Šedá
Indaco	Indigo
Magenta	Purpurová
Marrone	Hnědý
Nero	Černá
Rosa	Růžový
Rosso	Červené
Seppia	Sépie
Verde	Zelená
Viola	Nachový

Commedia
Komedie

Applauso	Potlesk
Attore	Herec
Attrice	Herečka
Clown	Klauni
Divertente	Legrační
Divertimento	Zábava
Espressivo	Expresivní
Genere	Žánr
Improvvisazione	Improvizace
Intelligente	Chytrý
Parodia	Parodie
Pubblico	Publikum
Risata	Smích
Scherzi	Vtipy
Teatro	Divadlo
Televisione	Televize
Umorismo	Humor

Compleanno
Narozeniny

Amici	Přátelé
Anno	Rok
Calendario	Kalendář
Candele	Svíčky
Canzone	Píseň
Carte	Karty
Celebrazione	Oslava
Divertimento	Zábava
Felice	Šťastný
Gioioso	Radostný
Giorno	Den
Giovane	Mladý
Inviti	Pozvánky
Nato	Narozený
Regalo	Dar
Ricordi	Vzpomínky
Saggezza	Moudrost
Speciale	Zvláštní
Tempo	Čas
Torta	Dort

Corpo Umano
Lidské Tělo

Bocca	Ústa
Caviglia	Kotník
Cervello	Mozek
Collo	Krk
Cuore	Srdce
Dito	Prst
Faccia	Tvář
Gamba	Noha
Ginocchio	Koleno
Gomito	Loket
Mano	Ruka
Mento	Brada
Naso	Nos
Occhio	Oko
Orecchio	Ucho
Pelle	Kůže
Sangue	Krev
Spalla	Rameno
Stomaco	Žaludek
Testa	Hlava

Cucina
Kuchyně

Bacchette	Tyčinky
Bollitore	Konvice
Brocca	Džbán
Cibo	Jídlo
Ciotola	Mísa
Coltelli	Nože
Congelatore	Mrazák
Cucchiai	Lžíce
Forchette	Vidličky
Forno	Trouba
Frigorifero	Lednička
Grembiule	Zástěra
Griglia	Gril
Mangiare	Jíst
Mestolo	Naběračka
Ricetta	Recept
Spezie	Koření
Spugna	Houba
Tovagliolo	Ubrousek
Vaso	Sklenice

Danza
Taneční

Accademia	Akademie
Arte	Umění
Classico	Klasický
Compagno	Partner
Coreografia	Choreografie
Corpo	Tělo
Cultura	Kultura
Culturale	Kulturní
Emozione	Emoce
Espressivo	Expresivní
Gioioso	Radostný
Grazia	Milost
Movimento	Hnutí
Musica	Hudba
Prova	Zkouška
Ritmo	Rytmus
Salto	Skok
Tradizionale	Tradiční
Visivo	Vizuální

Dinosauri
Dinosaurus

Ali	Křídla
Carnivoro	Masožravec
Coda	Ocas
Enorme	Obrovský
Erbivoro	Býložravec
Evoluzione	Vývoj
Fossili	Fosílie
Grande	Velký
Mammut	Mamut
Onnivoro	Všežravec
Potente	Silný
Preda	Kořist
Preistorico	Prehistorický
Rapace	Dravec
Rettile	Plaz
Scomparsa	Zmizení
Specie	Druh
Taglia	Velikost
Terra	Země
Vizioso	Zlý

Discipline Scientifiche
Vědecké Disciplíny

Anatomia	Anatomie
Archeologia	Archeologie
Astronomia	Astronomie
Biochimica	Biochemie
Biologia	Biologie
Botanica	Botanika
Chimica	Chemie
Ecologia	Ekologie
Fisiologia	Fyziologie
Geologia	Geologie
Immunologia	Imunologie
Linguistica	Jazykověda
Meccanica	Mechanika
Meteorologia	Meteorologie
Mineralogia	Mineralogie
Neurologia	Neurologie
Psicologia	Psychologie
Sociologia	Sociologie
Termodinamica	Termodynamika
Zoologia	Zoologie

Ecologia
Ekologie

Clima	Klima
Comunità	Komunity
Diversità	Rozmanitost
Fauna	Fauna
Flora	Flóra
Globale	Globální
Marino	Mořský
Montagne	Hory
Natura	Příroda
Naturale	Přírodní
Palude	Močál
Piante	Rostliny
Risorse	Zdroje
Siccità	Sucho
Sopravvivenza	Přežití
Sostenibile	Udržitelný
Specie	Druh
Varietà	Odrůda
Vegetazione	Vegetace
Volontari	Dobrovolníci

Edifici
Budovy

Appartamento	Byt
Cabina	Kabina
Castello	Hrad
Cinema	Kino
Fabbrica	Továrna
Fattoria	Farma
Fienile	Stodola
Hotel	Hotel
Laboratorio	Laboratoř
Museo	Muzeum
Ospedale	Nemocnice
Osservatorio	Observatoř
Ostello	Hostel
Scuola	Škola
Stadio	Stadión
Supermercato	Supermarket
Teatro	Divadlo
Tenda	Stan
Torre	Věž
Università	Univerzita

Emozioni
Emoce

Amore	Láska
Beatitudine	Blaženost
Calma	Uklidnit
Contenuto	Obsah
Eccitato	Vzrušený
Gentilezza	Laskavost
Gioia	Radost
Grato	Vděčný
Noia	Nuda
Pace	Mír
Paura	Strach
Rabbia	Hněv
Rilassato	Uvolněný
Rilievo	Úleva
Simpatia	Sympatie
Soddisfatto	Spokojený
Sorpresa	Překvapit
Tenerezza	Něha
Tranquillità	Klid
Tristezza	Smutek

Erboristeria
Bylinkářství

Aglio	Česnek
Aneto	Kopr
Aromatico	Aromatický
Basilico	Bazalka
Culinario	Kulinářské
Dragoncello	Estragon
Finocchio	Fenykl
Fiore	Květina
Giardino	Zahrada
Ingrediente	Přísada
Lavanda	Levandule
Maggiorana	Majoránka
Menta	Máta
Origano	Oregano
Prezzemolo	Petržel
Qualità	Kvalita
Rosmarino	Rozmarýn
Timo	Tymián
Verde	Zelená
Zafferano	Šafrán

Escursionismo
Pěší Turistika

Acqua	Voda
Animali	Zvířata
Campeggio	Kempování
Clima	Klima
Guide	Průvodce
Mappa	Mapa
Montagna	Hora
Natura	Příroda
Orientamento	Orientace
Parchi	Parky
Pericoli	Nebezpečí
Pesante	Těžký
Pietre	Kameny
Preparazione	Příprava
Scogliera	Útes
Selvaggio	Divoký
Sole	Slunce
Stanco	Unavený
Stivali	Boty
Vertice	Summit

Esplorazione
Průzkum

Animali	Zvířata
Attività	Aktivita
Coraggio	Odvaha
Culture	Kultury
Determinazione	Určení
Eccitazione	Vzrušení
Esaurimento	Vyčerpání
Lingua	Jazyk
Nuovo	Nový
Pericoli	Nebezpečí
Pericoloso	Nebezpečný
Ricerca	Hledání
Sconosciuto	Neznámý
Scoperta	Objev
Selvaggio	Divoký
Spazio	Prostor
Terreno	Terén
Viaggio	Cestovat

Estate
Letní

Amici	Přátelé
Campeggio	Kempování
Casa	Domov
Cibo	Jídlo
Famiglia	Rodina
Giardino	Zahrada
Giochi	Hry
Gioia	Radost
Immersione	Potápění
Libri	Knihy
Mare	Moře
Musica	Hudba
Ricordi	Vzpomínky
Rilassamento	Relaxace
Sandali	Sandály
Spiaggia	Pláž
Stelle	Hvězdy
Tempo Libero	Volný Čas
Vacanza	Dovolená
Viaggio	Cestovat

Famiglia
Rodinná

Antenato	Předek
Bambini	Děti
Bambino	Dítě
Cugino	Bratranec
Figlia	Dcera
Fratello	Bratr
Gemelli	Dvojčata
Infanzia	Dětství
Madre	Matka
Marito	Manžel
Materno	Mateřský
Moglie	Manželka
Nipote	Synovec
Nonna	Babička
Nonno	Dědeček
Padre	Otec
Paterno	Otcovský
Sorella	Sestra
Zia	Teta
Zio	Strýc

Fantascienza
Science Fiction

Atomico	Atomový
Cinema	Kino
Distopia	Dystopie
Esplosione	Výbuch
Estremo	Extrémní
Fantastico	Fantastický
Fuoco	Oheň
Futuristico	Futuristický
Galassia	Galaxie
Illusione	Iluze
Immaginario	Imaginární
Libri	Knihy
Misterioso	Tajemný
Mondo	Svět
Oracolo	Věštec
Pianeta	Planeta
Realistico	Realistický
Robot	Roboty
Tecnologia	Technologie
Utopia	Utopie

Fattoria #1
Farma #1

Acqua	Voda
Agricoltura	Zemědělství
Ape	Včela
Asino	Osel
Campo	Pole
Cane	Pes
Capra	Koza
Cavallo	Kůň
Fertilizzante	Hnojivo
Fieno	Seno
Gatto	Kočka
Gregge	Stádo
Maiale	Prase
Miele	Med
Mucca	Kráva
Pollo	Kuře
Recinto	Plot
Riso	Rýže
Semi	Semena
Vitello	Tele

Fattoria #2
Farma #2

Agnello	Jehněčí
Agricoltore	Zemědělec
Alveare	Úl
Anatra	Kachna
Animali	Zvířata
Cibo	Jídlo
Fienile	Stodola
Frutta	Ovoce
Frutteto	Sad
Grano	Pšenice
Irrigazione	Zavlažování
Lama	Lama
Latte	Mléko
Mais	Kukuřice
Oche	Husy
Orzo	Ječmen
Pastore	Pastýř
Pecora	Ovce
Prato	Louka
Trattore	Traktor

Fiori
Květiny

Dente di Leone	Pampeliška
Gardenia	Gardénie
Gelsomino	Jasmín
Giglio	Lilie
Girasole	Slunečnice
Ibisco	Ibišek
Lavanda	Levandule
Lilla	Šeřík
Magnolia	Magnólie
Margherita	Sedmikráska
Mazzo	Kytice
Narciso	Narcis
Orchidea	Orchidej
Papavero	Mák
Passiflora	Mučenka
Peonia	Pivoňka
Plumeria	Plumeria
Rosa	Růže
Trifoglio	Jetel
Tulipano	Tulipán

Foresta Pluviale
Deštný Prales

Anfibi	Obojživelníci
Botanico	Botanický
Clima	Klima
Comunità	Společenství
Diversità	Rozmanitost
Giungla	Džungle
Indigeno	Původní
Insetti	Hmyz
Mammiferi	Savci
Muschio	Mech
Natura	Příroda
Nuvole	Mraky
Preservazione	Zachování
Prezioso	Cenný
Restauro	Obnovení
Rifugio	Útočiště
Rispetto	Úcta
Sopravvivenza	Přežití
Specie	Druh
Uccelli	Ptáci

Forme
Obrazec

Angolo	Roh
Arco	Oblouk
Bordi	Hrany
Cerchio	Kruh
Cilindro	Válec
Cono	Kužel
Cubo	Krychle
Curva	Křivka
Ellisse	Elipsa
Iperbole	Hyperbola
Lato	Strana
Linea	Řádek
Ovale	Ovál
Piramide	Pyramida
Poligono	Polygon
Prisma	Hranol
Quadrato	Náměstí
Rettangolo	Obdélník
Sfera	Koule
Triangolo	Trojúhelník

Forniture Artistiche
Výtvarné Potřeby

Acqua	Voda
Acquerelli	Akvarely
Acrilico	Akryl
Argilla	Jíl
Carbone	Dřevěné Uhlí
Carta	Papír
Cavalletto	Stojan
Colla	Lepidlo
Colori	Barvy
Creatività	Tvořivost
Gomma	Guma
Idee	Nápady
Inchiostro	Inkoust
Matite	Tužky
Olio	Olej
Pastelli	Pastely
Sedia	Židle
Spazzole	Kartáče
Tavolo	Stůl
Telecamera	Fotoaparát

Frutta
Ovoce

Albicocca	Meruňka
Ananas	Ananas
Arancia	Oranžový
Avocado	Avokádo
Bacca	Bobule
Banana	Banán
Ciliegia	Třešeň
Kiwi	Kiwi
Lampone	Malina
Limone	Citron
Mango	Mango
Mela	Jablko
Melone	Meloun
Mora	Ostružina
Nettarina	Nektarinka
Papaia	Papája
Pera	Hruška
Pesca	Broskev
Prugna	Švestka
Uva	Hrozen

Gatti
Protlak

Affettuoso	Láskyplný
Artiglio	Dráp
Cacciatore	Lovec
Coda	Ocas
Curioso	Zvědavý
Divertente	Legrační
Dormire	Spát
Filo	Příze
Giocoso	Hravý
Indipendente	Nezávislý
Pazzo	Šílený
Pelliccia	Kožešina
Personalità	Osobnost
Poco	Malý
Selvaggio	Divoký
Timido	Plachý
Topo	Myš
Veloce	Rychle
Zampa	Tlapka

Gentilezza
Laskavost

Affettuoso	Láskyplný
Affidabile	Spolehlivý
Amichevole	Přátelský
Amorevole	Milující
Attento	Pozorný
Compassionevole	Soucitný
Comprensione	Pochopení
Dolce	Jemný
Felice	Šťastný
Generoso	Štědrý
Genuino	Originální
Onesto	Upřímný
Ospitale	Pohostinný
Paziente	Pacient
Ricettivo	Vnímavý
Rispettoso	Uctivý
Tollerante	Tolerantní
Utile	Ochotný

Geografia
Kategorie: Geografie

Atlante	Atlas
Città	Město
Continente	Kontinent
Emisfero	Polokoule
Equatore	Rovník
Fiume	Řeka
Globo	Zeměkoule
Isola	Ostrov
Mappa	Mapa
Mare	Moře
Meridiano	Poledník
Mondo	Svět
Montagna	Hora
Nord	Severní
Oceano	Oceán
Ovest	Západ
Paese	Země
Regione	Region
Sud	Jih
Territorio	Území

Geologia
Geologie

Acido	Kyselina
Altopiano	Plošina
Calcio	Vápník
Caverna	Jeskyně
Continente	Kontinent
Corallo	Korál
Cristalli	Krystaly
Erosione	Eroze
Fossile	Fosilie
Geyser	Gejzír
Lava	Láva
Minerali	Minerály
Pietra	Kámen
Quarzo	Křemen
Sale	Sůl
Stalagmiti	Stalagmity
Stalattite	Stalaktit
Strato	Vrstva
Terremoto	Zemětřesení
Vulcano	Sopka

Giardino
Zahrada

Albero	Strom
Amaca	Houpací Sít
Cespuglio	Keř
Erba	Tráva
Erbacce	Plevel
Fiore	Květina
Frutteto	Sad
Garage	Garáž
Giardino	Zahrada
Pala	Lopata
Panca	Lavice
Prato	Trávník
Rastrello	Hrábě
Recinto	Plot
Stagno	Rybník
Suolo	Půda
Terrazza	Terasa
Trampolino	Trampolína
Tubo	Hadice
Vite	Víno

Giocattoli
Hračky

Aereo	Letadlo
Aquilone	Drak
Argilla	Jíl
Artigianato	Řemesla
Auto	Auto
Bambola	Panenka
Barca	Loď
Batteria	Bicí
Bicicletta	Jízdní Kolo
Camion	Náklaďák
Giochi	Hry
Immaginazione	Představivost
Libri	Knihy
Palla	Míč
Preferito	Oblíbený
Puzzle	Hádanka
Robot	Robot
Scacchi	Šachy
Treno	Vlak

Giorni e Mesi
Dny a Měsíce

Agosto	Srpen
Anno	Rok
Aprile	Duben
Calendario	Kalendář
Dicembre	Prosinec
Domenica	Neděle
Febbraio	Únor
Gennaio	Leden
Giugno	Červen
Luglio	Červenec
Lunedì	Pondělí
Martedì	Úterý
Mercoledì	Středa
Mese	Měsíc
Novembre	Listopad
Ottobre	Říjen
Sabato	Sobota
Settembre	Září
Settimana	Týden
Venerdì	Pátek

Guida
Řízení

Auto	Auto
Autobus	Autobus
Carburante	Palivo
Freni	Brzdy
Garage	Garáž
Gas	Plyn
Incidente	Nehoda
Licenza	Licence
Mappa	Mapa
Moto	Motocykl
Motore	Motor
Pedonale	Pěší
Pericolo	Nebezpečí
Polizia	Policie
Sicurezza	Bezpečnost
Strada	Silnice
Traffico	Provoz
Trasporto	Doprava
Tunnel	Tunel
Velocità	Rychlost

Imbarcazioni
Lodě

Albero	Stožár
Ancora	Kotva
Barca a Vela	Plachetnice
Boa	Bóje
Canoa	Kánoe
Corda	Lano
Equipaggio	Posádka
Fiume	Řeka
Kayak	Kajak
Lago	Jezero
Mare	Moře
Marea	Příliv
Marinaio	Námořník
Motore	Motor
Nautico	Námořní
Oceano	Oceán
Onde	Vlny
Traghetto	Trajekt
Yacht	Jachta
Zattera	Vor

Insetti
Hmyzu

Afide	Mšice
Ape	Včela
Calabrone	Sršeň
Cavalletta	Kobylka
Cicala	Cikáda
Coccinella	Beruška
Coleottero	Brouk
Falena	Mol
Farfalla	Motýl
Formica	Mravenec
Larva	Larva
Libellula	Vážka
Mantide	Mantisa
Pulce	Blecha
Scarafaggio	Šváb
Termite	Termit
Verme	Červ
Vespa	Vosa
Zanzara	Komár

Letteratura
Literatura

Analisi	Analýza
Analogia	Analogie
Aneddoto	Anekdota
Autore	Autor
Biografia	Životopis
Conclusione	Závěr
Confronto	Srovnání
Descrizione	Popis
Dialogo	Dialog
Genere	Žánr
Metafora	Metafora
Opinione	Názor
Poesia	Báseň
Poetico	Poetický
Rima	Rým
Ritmo	Rytmus
Romanzo	Román
Stile	Styl
Tema	Téma
Tragedia	Tragédie

Libri
Knihy

Autore	Autor
Avventura	Dobrodružství
Collezione	Sbírka
Contesto	Kontext
Dualità	Dualita
Epico	Epos
Inventivo	Vynalézavý
Letterario	Literární
Lettore	Čtenář
Narratore	Vypravěč
Pagina	Stránka
Poesia	Poezie
Rilevante	Relevantní
Romanzo	Román
Scritto	Psaný
Serie	Řada
Storia	Příběh
Storico	Historický
Tragico	Tragický
Umoristico	Vtipný

Mammiferi
Savci

Balena	Velryba
Cane	Pes
Canguro	Klokan
Cavallo	Kůň
Cervo	Jelen
Coniglio	Králík
Coyote	Kojot
Delfino	Delfín
Elefante	Slon
Gatto	Kočka
Giraffa	Žirafa
Gorilla	Gorila
Leone	Lev
Lupo	Vlk
Orso	Medvěd
Pecora	Ovce
Scimmia	Opice
Toro	Býk
Volpe	Liška
Zebra	Zebra

Matematica
Matematika

Angoli	Úhly
Aritmetica	Aritmetický
Decimale	Desetinný
Diametro	Průměr
Divisione	Divize
Equazione	Rovnice
Esponente	Exponent
Frazione	Zlomek
Geometria	Geometrie
Parallelo	Rovnoběžný
Parallelogramma	Rovnoběžník
Perimetro	Obvod
Poligono	Polygon
Quadrato	Náměstí
Raggio	Poloměr
Rettangolo	Obdélník
Simmetria	Symetrie
Somma	Součet
Triangolo	Trojúhelník
Volume	Objem

Meditazione
Rozjímání

Accettazione	Přijetí
Attenzione	Pozornost
Calma	Uklidnit
Chiarezza	Jasnost
Compassione	Soucit
Emozioni	Emoce
Felicità	Štěstí
Gentilezza	Laskavost
Gratitudine	Vděčnost
Mentale	Duševní
Mente	Mysl
Movimento	Hnutí
Musica	Hudba
Natura	Příroda
Osservazione	Pozorování
Pace	Mír
Pensieri	Myšlenky
Prospettiva	Perspektiva
Respirazione	Dýchání
Silenzio	Umlčet

Meteo
Počasí

Arcobaleno	Duha
Asciutto	Suchý
Atmosfera	Atmosféra
Brezza	Vánek
Cielo	Nebe
Clima	Klima
Fulmine	Blesk
Ghiaccio	Led
Monsone	Monzun
Nebbia	Mlha
Nube	Mrak
Polare	Polární
Siccità	Sucho
Temperatura	Teplota
Tempesta	Bouře
Tornado	Tornádo
Tropicale	Tropický
Tuono	Hrom
Uragano	Hurikán
Vento	Vítr

Misurazioni
Měření

Altezza	Výška
Byte	Bajt
Centimetro	Centimetr
Chilogrammo	Kilogram
Chilometro	Kilometr
Decimale	Desetinný
Grado	Stupeň
Grammo	Gram
Larghezza	Šířka
Litro	Litr
Lunghezza	Délka
Metro	Metr
Minuto	Minuta
Oncia	Unce
Peso	Hmotnost
Pinta	Pinta
Pollice	Palec
Profondità	Hloubka
Tonnellata	Tón
Volume	Objem

Mitologia
Mytologie

Archetipo	Archetyp
Comportamento	Chování
Creatura	Stvoření
Creazione	Vytvoření
Cultura	Kultura
Disastro	Katastrofa
Divinità	Božstva
Eroe	Hrdina
Forza	Síla
Fulmine	Blesk
Gelosia	Žárlivost
Guerriero	Bojovník
Immortalità	Nesmrtelnost
Labirinto	Labyrint
Leggenda	Legenda
Magico	Magický
Mortale	Smrtelný
Mostro	Příšera
Tuono	Hrom
Vendetta	Pomsta

Natura
Příroda

Animali	Zvířata
Api	Včely
Artico	Arktický
Bellezza	Krása
Deserto	Poušť
Dinamico	Dynamický
Erosione	Eroze
Fiume	Řeka
Fogliame	List
Foresta	Les
Ghiacciaio	Ledovec
Montagne	Hory
Nebbia	Mlha
Nuvole	Mraky
Rifugio	Útočiště
Santuario	Svatyně
Selvaggio	Divoký
Sereno	Klidný
Tropicale	Tropický
Vitale	Vitální

Numeri
Čísla

Cinque	Pět
Decimale	Desetinný
Diciannove	Devatenáct
Diciassette	Sedmnáct
Diciotto	Osmnáct
Dieci	Deset
Dodici	Dvanáct
Due	Dva
Nove	Devět
Otto	Osm
Quattordici	Čtrnáct
Quattro	Čtyři
Quindici	Patnáct
Sedici	Šestnáct
Sei	Šest
Sette	Sedm
Tre	Tři
Tredici	Třináct
Venti	Dvacet
Zero	Nula

Nutrizione
Výživa

Amaro	Horký
Appetito	Chuť
Bilanciato	Vyvážený
Calorie	Kalorie
Carboidrati	Sacharid
Commestibile	Jedlý
Dieta	Strava
Digestione	Trávení
Fermentazione	Kvašení
Liquidi	Kapaliny
Nutriente	Živina
Peso	Hmotnost
Proteine	Proteiny
Qualità	Kvalita
Salsa	Omáčka
Salute	Zdraví
Sano	Zdravý
Spezie	Koření
Tossina	Toxin
Vitamina	Vitamín

Oceano
Oceán

Anguilla	Úhoř
Balena	Velryba
Barca	Loď
Corallo	Korál
Delfino	Delfín
Gamberetto	Kreveta
Granchio	Krab
Maree	Přílivy
Medusa	Medúza
Onde	Vlny
Ostrica	Ústřice
Pesce	Ryba
Polpo	Chobotnice
Sale	Sůl
Scogliera	Útes
Spugna	Houba
Squalo	Žralok
Tartaruga	Želva
Tempesta	Bouře
Tonno	Tuňák

Paesaggi
Krajiny

Cascata	Vodopád
Collina	Kopec
Deserto	Poušť
Dune	Duny
Fiume	Řeka
Geyser	Gejzír
Ghiacciaio	Ledovec
Grotta	Jeskyně
Isola	Ostrov
Lago	Jezero
Mare	Moře
Montagna	Hora
Oasi	Oáza
Oceano	Oceán
Palude	Bažina
Penisola	Poloostrov
Spiaggia	Pláž
Tundra	Tundra
Valle	Údolí
Vulcano	Sopka

Paesi #2
Země #2

Albania	Albánie
Danimarca	Dánsko
Etiopia	Etiopie
Giamaica	Jamajka
Giappone	Japonsko
Grecia	Řecko
Haiti	Haiti
Indonesia	Indonésie
Irlanda	Irsko
Laos	Laos
Liberia	Libérie
Messico	Mexiko
Nepal	Nepál
Nigeria	Nigérie
Pakistan	Pákistán
Russia	Rusko
Siria	Sýrie
Sudan	Súdán
Ucraina	Ukrajina
Uganda	Uganda

Pesca
Rybaření

Acqua	Voda
Attrezzatura	Zařízení
Barca	Loď
Branchie	Žábry
Cesto	Košík
Cucinare	Vařit
Esagerazione	Přehánění
Esca	Návnada
Filo	Drát
Fiume	Řeka
Gancio	Hák
Lago	Jezero
Mascella	Čelist
Oceano	Oceán
Pazienza	Trpělivost
Peso	Hmotnost
Pinne	Ploutve
Spiaggia	Pláž
Stagione	Sezóna

Piante
Rostliny

Albero	Strom
Bacca	Bobule
Bambù	Bambus
Botanica	Botanika
Cactus	Kaktus
Cespuglio	Keř
Crescere	Růst
Edera	Břečťan
Erba	Tráva
Fagiolo	Fazole
Fertilizzante	Hnojivo
Fiore	Květina
Flora	Flóra
Fogliame	List
Foresta	Les
Giardino	Zahrada
Muschio	Mech
Radice	Kořen
Sole	Slunce
Vegetazione	Vegetace

Pirati
Piráti

Ancora	Kotva
Avventura	Dobrodružství
Bandiera	Vlajka
Bussola	Kompas
Capitano	Kapitán
Cattivo	Špatný
Cicatrice	Jizva
Equipaggio	Posádka
Grotta	Jeskyně
Isola	Ostrov
Leggenda	Legenda
Mappa	Mapa
Monete	Mince
Oro	Zlato
Pappagallo	Papoušek
Pericolo	Nebezpečí
Rum	Rum
Spada	Meč
Spiaggia	Pláž
Tesoro	Poklad

Professioni #1
Profese #1

Allenatore	Trenér
Ambasciatore	Velvyslanec
Artista	Umělec
Astronomo	Astronom
Avvocato	Advokát
Ballerino	Tanečník
Banchiere	Bankéř
Cacciatore	Lovec
Cartografo	Kartograf
Editore	Editor
Farmacista	Lékárník
Geologo	Geolog
Gioielliere	Klenotník
Idraulico	Instalatér
Infermiera	Sestra
Musicista	Hudebník
Pianista	Pianista
Psicologo	Psycholog
Scienziato	Vědec
Veterinario	Veterinář

Professioni #2
Profese #2

Astronauta	Astronaut
Bibliotecario	Knihovník
Biologo	Biolog
Chirurgo	Chirurg
Dentista	Zubař
Filosofo	Filozof
Fotografo	Fotograf
Giardiniere	Zahradník
Giornalista	Novinář
Illustratore	Ilustrátor
Ingegnere	Inženýr
Insegnante	Učitel
Inventore	Vynálezce
Investigatore	Vyšetřovatel
Linguista	Lingvista
Medico	Lékař
Pilota	Pilot
Pittore	Malíř
Ricercatore	Výzkumník
Zoologo	Zoolog

Riempire
K Vyplnění

Bacino	Povodí
Barile	Barel
Borsa	Taška
Bottiglia	Láhev
Busta	Obálka
Cartella	Složka
Cartone	Karton
Cassa	Bedna
Cassetto	Šuplík
Cesto	Košík
Nave	Plavidlo
Pacchetto	Balíček
Scatola	Krabice
Secchio	Kbelík
Tasca	Kapsa
Tubo	Trubka
Valigia	Kufr
Vaso	Váza
Vassoio	Zásobník

Ristorante #1
Restaurace #1

Allergia	Alergie
Caffè	Káva
Cameriera	Číšnice
Carne	Maso
Cassiere	Pokladní
Cibo	Jídlo
Ciotola	Mísa
Coltello	Nůž
Cucina	Kuchyně
Dessert	Dezert
Ingredienti	Ingredience
Mangiare	Jíst
Menù	Menu
Pane	Chléb
Piatto	Talíř
Piccante	Pikantní
Pollo	Kuře
Prenotazione	Rezervace
Salsa	Omáčka
Tovagliolo	Ubrousek

Ristorante #2
Restaurace #2

Acqua	Voda
Aperitivo	Předkrm
Bevanda	Nápoj
Cameriere	Číšník
Cena	Večeře
Cucchiaio	Lžíce
Delizioso	Lahodné
Forchetta	Vidlička
Frutta	Ovoce
Ghiaccio	Led
Insalata	Salát
Minestra	Polévka
Pesce	Ryba
Pranzo	Oběd
Sale	Sůl
Sedia	Židle
Spezie	Koření
Torta	Dort
Uova	Vejce
Verdure	Zelenina

Scacchi
Šachy

Avversario	Soupeř
Bianco	Bílý
Campione	Šampión
Concorso	Soutěž
Diagonale	Úhlopříčka
Giocatore	Hráč
Gioco	Hra
Intelligente	Chytrý
Nero	Černá
Passivo	Pasivní
Punti	Body
Re	Král
Regina	Královna
Regole	Pravidla
Sacrificio	Oběť
Sfide	Výzvy
Strategia	Strategie
Tempo	Čas
Torneo	Turnaj

Scienza
Věda

Atomo	Atom
Chimico	Chemický
Clima	Klima
Dati	Data
Esperimento	Experiment
Evoluzione	Vývoj
Fatto	Skutečnost
Fisica	Fyzika
Fossile	Fosilie
Gravità	Gravitace
Ipotesi	Hypotéza
Laboratorio	Laboratoř
Metodo	Metoda
Minerali	Minerály
Molecole	Molekuly
Natura	Příroda
Organismo	Organismus
Osservazione	Pozorování
Particelle	Částice
Scienziato	Vědec

Scuola #1
Škola #1

Alfabeto	Abeceda
Amici	Přátelé
Aula	Třída
Biblioteca	Knihovna
Carta	Papír
Cartelle	Složky
Divertimento	Zábava
Esami	Zkoušky
Insegnante	Učitel
Leggere	Číst
Libri	Knihy
Matematica	Matematika
Matita	Tužka
Numeri	Čísla
Penne	Pera
Pranzo	Oběd
Quiz	Kvíz
Risposte	Odpovědi
Scrivania	Lavice
Sedia	Židle

Scuola #2
Škola #2

Accademico	Akademický
Autobus	Autobus
Biblioteca	Knihovna
Calendario	Kalendář
Carta	Papír
Computer	Počítač
Dizionario	Slovník
Educazione	Vzdělávání
Forbici	Nůžky
Giochi	Hry
Grammatica	Gramatika
Insegnante	Učitel
Letteratura	Literatura
Lettura	Čtení
Libri	Knihy
Matematica	Matematika
Matita	Tužka
Scarpe	Boty
Scienza	Věda
Zaino	Batoh

Spezie
Koření

Aglio	Česnek
Amaro	Horký
Anice	Anýz
Cannella	Skořice
Cardamomo	Kardamon
Cipolla	Cibule
Coriandolo	Koriandr
Cumino	Kmín
Curcuma	Kurkuma
Curry	Kari
Dolce	Sladký
Finocchio	Fenykl
Gusto	Příchuť
Liquirizia	Lékořice
Paprika	Paprika
Pepe	Pepř
Sale	Sůl
Vaniglia	Vanilka
Zafferano	Šafrán
Zenzero	Zázvor

Spiaggia
Pláž

Asciugamano	Ručník
Barca	Loď
Barca a Vela	Plachetnice
Blu	Modrý
Costa	Pobřeží
Dock	Dok
Granchio	Krab
Isola	Ostrov
Laguna	Laguna
Mare	Moře
Nuotare	Plavat
Oceano	Oceán
Ombrello	Deštník
Sabbia	Písek
Sandali	Sandály
Scogliera	Útes
Sole	Slunce
Vacanza	Dovolená

Sport
Sportovní

Allenatore	Trenér
Arbitro	Rozhodčí
Atleta	Sportovec
Baseball	Baseball
Basket	Basketbal
Bicicletta	Jízdní Kolo
Campionato	Mistrovství
Ginnastica	Gymnastika
Giocatore	Hráč
Gioco	Hra
Golf	Golf
Hockey	Hokej
Movimento	Hnutí
Nuotare	Plavat
Palestra	Tělocvična
Squadra	Tým
Stadio	Stadión
Tennis	Tenis
Vincitore	Vítěz

Strumenti Musicali
Hudební Nástroje

Armonica	Harmonika
Arpa	Harfa
Banjo	Bendžo
Chitarra	Kytara
Clarinetto	Klarinet
Fagotto	Fagot
Flauto	Flétna
Gong	Gong
Mandolino	Mandolína
Marimba	Marimba
Oboe	Hoboj
Percussione	Poklep
Pianoforte	Klavír
Sassofono	Saxofon
Tamburello	Tamburína
Tamburo	Buben
Tromba	Trubka
Trombone	Pozoun
Violino	Housle
Violoncello	Violoncello

Strumenti di Cottura
Nástroje pro Vaření

Bollitore	Konvice
Colino	Cedník
Coltello	Nůž
Coperchio	Víko
Cucchiaio	Lžíce
Filtro	Filtr
Forbici	Nůžky
Forchetta	Vidlička
Forno	Trouba
Frigorifero	Lednička
Frullatore	Mixér
Grattugia	Struhadlo
Posate	Příbor
Spatola	Špachtle
Spremiagrumi	Odšťavňovač
Stufa	Kamna
Termometro	Teploměr
Tostapane	Toustovač

Surf
Surfování

Atleta	Sportovec
Campione	Šampión
Divertimento	Zábava
Estremo	Extrémní
Folla	Davy
Forza	Síla
Meteo	Počasí
Nuotare	Plavat
Oceano	Oceán
Onda	Vlna
Pagaia	Pádlo
Popolare	Populární
Principiante	Začátečník
Schiuma	Pěna
Scogliera	Útes
Spiaggia	Pláž
Spray	Sprej
Stile	Styl
Stomaco	Žaludek
Velocità	Rychlost

Tecnologia
Technologie

Blog	Blog
Browser	Prohlížeč
Byte	Bajt
Computer	Počítač
Cursore	Kurzor
Dati	Data
Digitale	Digitální
File	Soubor
Font	Písmo
Internet	Internet
Messaggio	Zpráva
Ricerca	Výzkum
Schermo	Obrazovka
Sicurezza	Bezpečnostní
Software	Software
Statistiche	Statistika
Telecamera	Fotoaparát
Virtuale	Virtuální
Virus	Virus

Tempo
Čas

Anno	Rok
Annuale	Roční
Calendario	Kalendář
Decennio	Desetiletí
Dopo	Po
Futuro	Budoucnost
Giorno	Den
Ieri	Včera
Mattina	Ráno
Mese	Měsíc
Mezzogiorno	Poledne
Minuto	Minuta
Notte	Noc
Oggi	Dnes
Ora	Hodina
Orologio	Hodiny
Presto	Brzy
Prima	Před
Secolo	Století
Settimana	Týden

Tipi di Capelli
Typy Vlasů

Argento	Stříbro
Asciutto	Suchý
Bianco	Bílý
Biondo	Blond
Breve	Krátký
Calvo	Plešatý
Colorato	Barevný
Grigio	Šedá
Intrecciato	Pletené
Liscio	Hladký
Lungo	Dlouhý
Marrone	Hnědý
Morbido	Měkký
Nero	Černá
Ondulato	Vlnitý
Riccio	Kudrnatý
Riccioli	Kadeř
Sano	Zdravý
Sottile	Tenký
Spessore	Tlustý

Uccelli
Ptactvo

Airone	Volavka
Anatra	Kachna
Aquila	Orel
Cicogna	Čáp
Cigno	Labuť
Colomba	Holubice
Cuculo	Kukačka
Fenicottero	Plameňák
Gabbiano	Racek
Oca	Husa
Pappagallo	Papoušek
Passero	Vrabec
Pavone	Páv
Pellicano	Pelikán
Piccione	Holub
Pinguino	Tučňák
Pollo	Kuře
Struzzo	Pštros
Tucano	Tukan
Uovo	Vejce

Vacanze #2
Dovolená #2

Aeroporto	Letiště
Campeggio	Kempování
Destinazione	Destinace
Foto	Fotky
Hotel	Hotel
Isola	Ostrov
Mappa	Mapa
Mare	Moře
Passaporto	Cestovní Pas
Ristorante	Restaurace
Spiaggia	Pláž
Straniero	Cizinec
Taxi	Taxi
Tempo Libero	Volný Čas
Tenda	Stan
Trasporto	Doprava
Treno	Vlak
Vacanza	Dovolená
Viaggio	Cesta
Visto	Vízum

Veicoli
Životnost

Aereo	Letadlo
Ambulanza	Sanitka
Auto	Auto
Autobus	Autobus
Barca	Loď
Bicicletta	Jízdní Kolo
Camion	Náklaďák
Caravan	Karavana
Elicottero	Vrtulník
Metropolitana	Metro
Motore	Motor
Pneumatici	Pneumatiky
Razzo	Raketa
Scooter	Koloběžka
Sottomarino	Ponorka
Taxi	Taxi
Traghetto	Trajekt
Trattore	Traktor
Treno	Vlak
Zattera	Vor

Verdure
Zelenina

Aglio	Česnek
Broccolo	Brokolice
Carciofo	Artyčok
Carota	Mrkev
Cetriolo	Okurka
Cipolla	Cibule
Fungo	Houba
Insalata	Salát
Melanzana	Lilek
Patata	Brambor
Pisello	Hrášek
Pomodoro	Rajče
Prezzemolo	Petržel
Rapa	Tuřín
Ravanello	Ředkev
Scalogno	Šalotka
Sedano	Celer
Spinaci	Špenát
Zenzero	Zázvor
Zucca	Dýně

Vestiti
Oblečení

Abito	Šaty
Braccialetto	Náramek
Camicetta	Halenka
Camicia	Košile
Cappello	Klobouk
Cappotto	Kabát
Cintura	Pás
Collana	Náhrdelník
Giacca	Bunda
Gonna	Sukně
Grembiule	Zástěra
Guanti	Rukavice
Jeans	Džíny
Maglione	Svetr
Moda	Móda
Pantaloni	Kalhoty
Pigiama	Pyžamo
Sandali	Sandály
Scarpa	Bota
Sciarpa	Šátek

Virtù #1
Ctnosti #1

Affascinante	Okouzlující
Affidabile	Spolehlivý
Appassionato	Vášnivý
Artistico	Umělecký
Buono	Dobré
Curioso	Zvědavý
Decisivo	Rozhodující
Divertente	Legrační
Efficiente	Účinný
Generoso	Štědrý
Indipendente	Nezávislý
Intelligente	Inteligentní
Modesto	Skromný
Paziente	Pacient
Pratico	Praktický
Pulito	Čistý
Saggio	Moudrý
Utile	Ochotný

Congratulazioni

Ce l'hai fatta!

Speriamo che questo libro vi sia piaciuto tanto quanto a noi è piaciuto concepirlo. Ci sforziamo di creare libri della più alta qualità possibile.
Questa edizione è progettata per fornire un apprendimento intelligente, di qualità e divertente!

Le è piaciuto questo libro?

Una Semplice Richiesta

Questi libri esistono grazie alle recensioni che pubblicate.

Puoi aiutarci lasciando una recensione
ora a questo link ?

BestBooksActivity.com/Recensioni50

SFIDA FINALE!

Sfida n°1

Sei pronto per il tuo gioco gratuito? Li usiamo sempre, ma non sono così facili da trovare - ecco i **Sinonimi!**

Scrivi 5 parole che hai trovato nei puzzle (n° 21, n° 36, n° 76) e prova a trovare 2 sinonimi per ogni parola.

Scrivi 5 parole del *Puzzle 21*

Parole	Sinonimo 1	Sinonimo 2

Scrivi 5 parole del *Puzzle 36*

Parole	Sinonimo 1	Sinonimo 2

Scrivi 5 parole del *Puzzle 76*

Parole	Sinonimo 1	Sinonimo 2

Sfida n°2

Ora che ti sei riscaldato, scrivi 5 parole che hai trovato nei puzzle n° 9, n° 17 e n° 25 e cerca di trovare 2 contrari per ogni parola. Quanti ne puoi trovare in 20 minuti?

Scrivi 5 parole del **Puzzle 9**

Parole	Antonimo 1	Antonimo 2

Scrivi 5 parole del **Puzzle 17**

Parole	Antonimo 1	Antonimo 2

Scrivi 5 parole del **Puzzle 25**

Parole	Antonimo 1	Antonimo 2

Sfida n°3

Grande! Questa sfida non è niente per te!

Pronto per la sfida finale? Scegli 10 parole che hai scoperto nei diversi puzzle e scrivile qui sotto.

1.	6.
2.	7.
3.	8.
4.	9.
5.	10.

Ora scrivi un testo pensando a una persona, un animale o un luogo che ti piace.

Puoi usare l'ultima pagina di questo libro come bozza.

La tua composizione:

TACCUINO:

A PRESTO!

Tutta la Squadra

www.ingramcontent.com/pod-product-compliance
Lightning Source LLC
Chambersburg PA
CBHW082043120626
46553CB00011B/3271